VIDA INFINITA, LECCIONES INFINITAS

Elogios para
Vida infinita, lecciones infinitas

«¡Susan Grau es el no va más! Sus palabras nos sirven de guía para acceder a nuestra propia intuición y permanecer en contacto con los seres queridos que están en el otro lado. Sus mensajes revelan la verdad del amor, que nos constituye a todos».

DRA. LAURA BERMAN, autora de grandes éxitos editoriales,
madre doliente y presentadora del pódcast *Language of Love*

«*Vida infinita, lecciones infinitas* es un relato cautivador de una experiencia cercana a la muerte y un profundo viaje de crecimiento personal a través de la adversidad. Esta historia señala con decisión que las pruebas más duras de la vida pueden revelar profundos autodescubrimientos y una renovada sensación de propósito, echando luz así sobre el sentido del más allá y nuestra indestructible conexión con la energía espiritual universal. Una lectura obligada».

ANITA MOORJANI, autora de los grandes éxitos editoriales
Morir para ser yo y *La sensibilidad es la nueva fuerza*,
ambos publicados por Gaia Ediciones

«Resulta difícil no admirarse al comprobar que nuestra vida podría ser distinta si consiguiéramos aprender la forma de alcanzar el potencial más elevado de nuestra alma. *Vida infinita, lecciones infinitas* es un viaje extraordinario al mundo de la intuición, la conciencia y la vida más allá de los constructos limitados de nuestra mente, un plano que afirma la existencia del espíritu. El relato de descubrimiento espiritual de Susan resulta al mismo tiempo valiente y sanador para el corazón. Nos inspira a superar el miedo a que nos conozcan de verdad y nos abre paso para que también nosotros podamos despertar a la magnificencia de la visión de nuestra alma. Es una llamada a que seamos audaces y temerarios, a que sigamos nuestro propio camino de baldosas amarillas y descubramos el sendero del alma del amor encarnado».

DRA. MICHELE KAMBOLIS, autora de *When Women Rise:*
Everyday Practices to Strengthen Your Mind, Body, and Soul

«*Vida infinita, lecciones infinitas* es una lectura obligada para todo aquel que quiera comprender el más allá y conectarse con él. Un libro revelador que capta la belleza y la profundidad de la experiencia humana en esta vida y también en la otra. Grau nos proporciona herramientas para sentir, aquí y ahora, la esencia divina de la "unicidad" que existe entre nosotros y el Espíritu. Cuando integramos las lecciones de cada capítulo, nos ofrece la oportunidad de cultivar la luz y la sombra que todos albergamos en nuestro interior».

CINDY KAZA, médium, presentadora de *The Holzer Files*, ha aparecido en el programa *The Dead Files*, de Travel Channel

«En *Vida infinita, lecciones infinitas*, la apreciada médium intuitiva Susan Grau desvela la sabiduría intemporal del universo y nos ofrece lecciones profundas y muy personales. Como lectora, su compasiva guía me conmovió enormemente y he comprobado que sus enseñanzas me han cambiado la vida. Su libro está escrito de una forma tan hermosa que me dejó sin palabras y, como estoy de luto por la pérdida de dos personas a las que amo profundamente, su sabiduría me ha ayudado más de lo que soy capaz de expresar. Las herramientas prácticas y las reflexiones espirituales de este libro catalizaron en mi interior una transformación que dio lugar a una sanación muy necesaria para mí. El relato de Susan, contado de manera muy elocuente, es más que una mera lectura interesante: constituye un viaje hacia el crecimiento y la comprensión infinitos».

RILEY J. FORD, autora recomendada por el *New York Times*

«Con un conocimiento profundo y una enorme compasión, Grau nos conduce por un viaje increíble a lo largo de su propia experiencia cercana a la muerte y nos permite atisbar a través del velo que media entre la vida y lo que está más allá. Este libro es de lectura obligada para quienes estén dispuestos a embarcarse en una odisea enriquecedora que ilumina la mente y calma el espíritu».

ALYSON NOËL, autora del gran éxito editorial *Los inmortales*, de la serie *Stealing Infinity* y de *Salvar a Zoe*, convertida en película de Netflix

SUSAN GRAU

VIDA INFINITA, LECCIONES INFINITAS

LA SABIDURÍA DEL MUNDO ESPIRITUAL SOBRE LA VIDA, LA MUERTE Y EL INTERVALO ENTRE ELLAS

ARKANO B BOOKS

Título original: *Infinite Life, Infinite Lessons*

Traducción: Blanca González Villegas

Diseño de cubierta: Shubani Sarker

© 2024, Susan Grau

Publicado por acuerdo con Books Crossing Borders,
Linda Konner Literary Agency y Ute Körner Literary Agent

© Distribuciones Alfaomega S.L., Arkano Books, 2024
Alquimia, 6 - 28933 Móstoles (Madrid) - España
Tel.: 91 617 08 67
www.grupogaia.es - E-mail: grupogaia@grupogaia.es

Primera edición: octubre de 2025

Depósito legal: M. 14.413-2025
I.S.B.N.: 978-84-19510-67-9

Impreso en España por: Artes Gráficas COFÁS, S.A. - Móstoles (Madrid)

Dedico este libro a las personas más importantes de mi vida: mi familia. Vuestro amor y vuestro estímulo han sido la fuerza que ha impulsado cada una de las palabras que aparecen en estas páginas. Gracias por creer siempre en mí y por ser mi fuente constante de fortaleza. ¡Os quiero a todos!

Índice

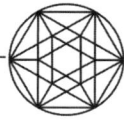

Prólogo

L A VIDA ES UN ENIGMÁTICO TAPIZ de alegría y pena, amor y pérdida, triunfos y tribulaciones. En su libro *Vida infinita, lecciones infinitas*, Susan Grau comparte su profunda y asombrosa historia de lucha y pérdida, así como su experiencia cercana a la muerte, lo que la condujo a realizar un viaje transformador, capaz de sanar e inspirar a un sinfín de personas.

Su historia no es solo una crónica de su vida y sus lecciones, sino un profundo relato de la resiliencia de las personas y de la fortaleza indomable del espíritu humano. Desde sus penalidades de los primeros tiempos hasta el arduo camino de pérdida que debió afrontar, incluido el desgarrador suicidio de sus familiares queridos, su historia se identifica profundamente con nuestras propias luchas y aspiraciones. El valor que Susan demuestra al abrir su corazón a la vulnerabilidad y compartir sus experiencias más íntimas permite a los lectores conectarse en un nivel profundo y encontrar consuelo al saber que no están solos en sus dificultades.

A lo largo de *Vida infinita, lecciones infinitas*, Susan se embarca en un extraordinario viaje de autodescubrimiento y despertar espiritual. Su experiencia cercana a la muerte le proporcionó una puerta a un reino invisible y le permitió atisbar profundos conocimientos y una gran sabiduría, que ella trajo de vuelta a este plano terrenal. Estas lecciones tan valiosas ofrecen un salvavidas a aquellos que están recorriendo sus propios caminos tumultuosos, aportan esperanza en las épocas en las que la hemos perdido e inspiran fe ante la adversidad.

Al sumergirte en estas páginas, te emocionarás sin duda ante la increíble resiliencia de Susan, su fe inconmovible y su disposición a aceptar los desafíos de la vida como oportunidades de crecimiento. Ella entreteje con gran maestría sus experiencias personales con conocimientos y enseñanzas que van mucho más allá de su propia historia. Con humildad, clemencia y autenticidad, ilumina el camino a la sanación y nos muestra cómo nuestros mayores retos pueden convertirse en catalizadores de la transformación y la autoconciencia.

Su profundo conocimiento del más allá, obtenido gracias a su encuentro cercano a la muerte y a las innumerables conferencias que ha pronunciado, te dejará con una sensación nueva de esperanza y conexión con algo más grande que nosotros. Susan nos invita a explorar las posibilidades de la vida más allá del plano físico, ofrece consuelo a aquellos que han perdido a algún ser querido y despierta una curiosidad renovada acerca de los misterios que yacen más allá del velo.

Este no es solo un libro de memorias, sino también una guía de autoayuda repleta de lecciones empoderadoras y ejercicios prácticos, diseñados para ayudar a otras personas en su viaje de sanación y autodescubrimiento. Susan nos anima a zambullirnos en las profundidades de nuestras emociones, a aceptar la vulnerabilidad y a alimentar nuestra alma en el camino a la sanación y el autoempoderamiento. Cada una de las lecciones que imparte funciona como un peldaño que nos acerca y guía para que nos enfrentemos a nuestro duelo, a las incertidumbres y a los desafíos, mientras nos abrimos paso hacia un lugar de mayor autoconciencia, perdón y aceptación.

Su historia es un potente recordatorio de que las pruebas que nos presenta la vida no tienen por qué definirnos, sino que sirven como propósito y, al mismo tiempo, como recompensa cuando estamos buscando una mayor sabiduría y compasión. Las personas que ansían encontrar un sentido para sus propias luchas y salir más fuertes de ellas se identificarán profundamente con su viaje, repleto de Momentos de Integración que iluminan el camino hacia la sanación.

Con el corazón abierto y la mente receptiva, permite que este libro de Susan Grau sea la luz que te guíe en tu viaje personal hacia la sanación y el autodescubrimiento. Que sus profundas reflexiones y su despertar espiritual te inspiren a asumir los desafíos de la vida, te guíen en los días más oscuros y te descubran las lecciones infinitas que te esperan a lo largo del camino.

Si sigues y aplicas los conocimientos prácticos que Susan te ofrece en esta increíble obra maestra, lograrás que lo *mejor* de tu vida sea todo lo que tienes por delante. ¡*Vida infinita, lecciones infinitas* merece ocupar un lugar permanente en tu biblioteca, tal como sucede en la mía!

KIM RUSSO, The Happy Medium
Asesora intuitiva, escritora, presentadora de *Celebrity Ghost Stories*, de A&E, y *The Haunting of...*
www.Kimthehappymedium.com

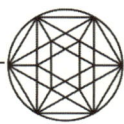

Introducción
El viaje al más allá

—¿CUÁNTO DE TU HISTORIA VAS A CONTAR? —me preguntó mi agente cuando empecé a escribir el libro que tienes ahora entre tus manos.

—Lo suficiente para que otros entiendan que mi vida no es distinta de la suya —le respondí.

¿Y por qué iban a creer que es diferente? ¡Bueno, pues porque hablo con los muertos! La comunicación con el mundo invisible del espíritu ha formado parte de mí desde que nací. Tenía más amigos «imaginarios» que nadie…, aunque he descubierto que eran tan reales como el que más. Aprendí esto durante una experiencia cercana a la muerte que sentó las bases de mi vida y sirvió como punto de partida para este libro.

Mientras viajaba por el más allá con un séquito angélico, se me mostró sin el menor atisbo de duda que la vida es infinita y que el objetivo de nuestra experiencia humana consiste en la evolución de nuestra alma a través de las decisiones que tomamos y de las lecciones que estas nos enseñan. El mundo del espíritu es hermoso, dichoso, lleno de luz e infinitamente amoroso: es perfecto. Dicho de otro modo, es lo contrario a *este*. No hace falta que me digas que en este planeta puede reinar la aflicción; no tenemos más que poner nuestro canal de noticias favorito para comprobarlo. De todas formas, estoy aquí para decirte que *necesitamos* experimentar la oscuridad de este mundo para cumplir nuestra misión de desarrollar el alma.

Piensa en todas las estrellas que tachonan el fondo de negrura del cielo; si no fuera por la oscuridad del espacio exterior, no podríamos ver esas luces siderales y ni siquiera sabríamos de su existencia. Del mismo modo, el universo espiritual es *todo* amor y luz; venimos a la tierra, a este mundo de dualidad, para aprender lo brillantes que somos en realidad. Quizá te cueste creerlo, si eres propenso a sentir de una manera profunda el peso de este mundo imperfecto, pero lo cierto es que nuestras almas *quieren* estar aquí porque entienden que necesitamos el contraste para *saber* realmente de qué estamos hechos.

Si te encuentras en el punto de tu viaje espiritual en el que ya estás preparado para *saber* de qué estás hecho, este libro es para ti. *Vida infinita, lecciones infinitas* se dirige al alma que está preparada para el crecimiento y el cambio, que anhela descubrir si nuestra existencia abarca algo más que esta experiencia humana, que quiere aprender acerca del más allá y, por supuesto, que desea averiguar adónde han ido sus seres queridos después de abandonar este planeta. Esta obra está destinada al alma que se encuentra lista para la auténtica *conciencia espiritual*, un concepto que implica ser consciente del plano espiritual que reside en nosotros, a través de nosotros y a nuestro alrededor. Cuando lo entendemos, nos damos cuenta de que nunca estamos separados de la energía universal del Espíritu.

Diría que este libro ha sido un producto del amor, pero, en realidad, ha constituido un viaje agotador por el doloroso camino de los recuerdos. Mientras lo escribía, descubrí que me costaba mucho compartir mi recorrido, vulnerable y, en ocasiones, desgarrador, porque el dolor y el sufrimiento estaban sin duda en primer plano y sacarlos a la luz para que el mundo los viera no resultaba precisamente *divertido*. Sin embargo, sabía que compartir mi historia íntima era algo que *tenía* que hacer para ayudarte a entender que *no* estás solo en tus dificultades.

No soy en absoluto inmune al sufrimiento por haber visitado el mundo espiritual y por comunicarme con él toda mi vida. En realidad, nadie lo es. Las dificultades, el dolor y la pérdida forman parte de la condición humana. Y, tal y como me enseñaron los espíritus en mi experiencia cercana a la muerte, y como intento explicar a lo largo de este libro, son esenciales para impulsar nuestro viaje de desarrollo del alma.

Al igual que tú, he tenido una vida llena de amor y pérdidas, dolor y alegría, trauma y sanación. He sobrevivido al abuso, soy una persona empática y una médium intuitiva, y mi corazón ha capeado muchas tormentas en un nivel íntimo, incluido el efecto dominó de la pérdida por suicidio de mis dos hermanos y de mi madre, lo que ha dejado una impronta indeleble en mi alma. Sé que tu camino ha estado erizado de desafíos que han marcado y practicado hondas heridas en tu alma. Con este libro, espero lograr demostrarte que estas experiencias aparentemente negativas nos invitan a descubrir profundas reflexiones sobre la esencia de lo que realmente somos, por qué estamos aquí y adónde vamos.

La vivencia de un dolor profundo es a menudo un catalizador que nos impulsa a investigar las grandes preguntas de la vida. Este libro empieza con mi experiencia cercana a la muerte y continúa con el viaje tortuoso hacia mi vida como médium espiritual profesional, y está repleto de respuestas del mundo espiritual a esas grandes preguntas. Es muy posible que te cuentes entre las muchas personas que, al leer esta obra, conozcan de manera íntima el dolor y busquen la forma de comprenderlo mejor y hallar consuelo. Tengo la esperanza de que *Vida infinita, lecciones infinitas* te ayude a entender *por qué* sufrimos penalidades, *dónde* están tus seres queridos en espíritu, *cómo* es el más allá y *de qué modo* puedes, tras esas muertes, crecer y expandir tu hermosa alma, que el Espíritu creó exclusivamente para *ti*.

Utilizo la palabra *Espíritu*, con mayúscula, para representar a una deidad: *Dios*, la *Fuente*, el *Universo* o cualquier término con el que te identifiques. Cuando la empleo con minúscula, *espíritu*, me refiero a nuestros seres queridos y a las almas que están en el otro lado, incluidos los ángeles y los guías espirituales. El *más allá*, el *otro lado*, el *mundo espiritual* y el *mundo del espíritu* indican nuestro hogar, el plano vibratorio del que procedemos y al que regresaremos.

Fuimos creados con la fortaleza inherente necesaria para sanar nuestras heridas y transmutar nuestro dolor, a fin de convertirlo así en nuestro poder. Tras concluir este proceso de escritura, compruebo una vez más que el dolor me ha sido útil. Al penetrar en un lugar de mayor conciencia de mí misma, he logrado llegar a las grietas oscuras de mi ser y rellenarlas con un brillo dorado. Espero que tú también, querido lector, puedas conseguir eso.

Quizá sientas que, mientras vas avanzando por estas páginas, surge en tu interior una profunda vulnerabilidad, tal y como me sucedió mientras las escribía, y quiero prepararte para ello. Sin embargo, lo cierto es que *deseo* romperte y abrirte, justo lo suficiente para que des los siguientes pasos que te permitan sanar las piezas rotas de tu corazón, del mismo modo en que yo he sanado el mío.

He aprendido a aceptar mi dolor en lugar de escapar de él. He aceptado como una verdad lo que los ángeles me dijeron cuando era niña durante mi experiencia cercana a la muerte:

«Aquello de lo que escapas te persigue y lo que intentas controlar te controla a ti». Abordar de frente mi verdad y mi sombra me ha transformado más de lo que podría haber imaginado, y mi objetivo principal al escribir este libro ha sido ofrecerte herramientas prácticas que te ayuden a dirigir mejor tu vida, las mismas que he empleado para conducir la mía. Al final de cada capítulo encontrarás Momentos de Integración y ejercicios diseñados para ayudarte a profundizar más en tu alma y poder así sanar y ver *tu* valor. (Necesitarás un cuaderno para plasmar las sugerencias planteadas en los Momentos de Integración y para hacer muchos de los ejercicios).

Te pido que, mientras lees este libro, seas consciente de que, al escribirlo, quería que supieras que, cuando vadeas el barro oscuro de tu vida, hay alguien a tu lado, alguien que conoce las penalidades de seguir el camino del alma y que, en último término, ha aprendido a soportar y prosperar *gracias al* dolor, no *a pesar de* él. Siempre he creído que «a pesar de» tiene una connotación negativa, mientras que «gracias a» ofrece empoderamiento. Por tanto, *gracias a* mi fortaleza para crecer en la adversidad, he prosperado. Trabajé duro para ver la verdad del viaje de mi alma. Si estás leyendo esto, también tú estás listo para hacer lo mismo, conocer tu verdad y emprender el camino de tu alma. Mi mayor esperanza es que el hecho de compartir *mi* oscuridad te acerque un poquito más a *tu* luz.

¡Bienvenido al viaje al más allá!

Con amor,

SUSAN

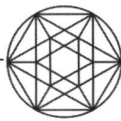

CAPÍTULO 1

La luz en la oscuridad

«TU PEQUEÑA ESTÁ EN EL CONGELADOR». Este aviso retumbó con toda seguridad en el oído de mi madre. Estaba acostumbrada a escuchar voces raras —de hecho, no mucho antes de este episodio, mi padre la había ingresado en un hospital precisamente por ello—, pero aquel mensaje parecía absurdo. Fuerte, pero absurdo. «Imposible —se aseguró a sí misma—; es mi mente, que me está jugando una mala pasada». Apartó el pensamiento y siguió pasando la aspiradora mientras yo, al borde de la muerte, gritaba «¡Mamá!» una y otra vez, atrapada dentro del congelador del garaje.

El peligro no era el frío; el aparato estaba desenchufado, metido en un rincón y olvidado. Lo único que yo percibía era la oscuridad. Rancia. Húmeda. Un armario viejo en una casa abandonada, llena de una oscuridad polvorienta y secular. A mis cuatro años y medio de edad, estaba acostumbrada a tener miedo por la noche. ¿Pero esto? Esta oscuridad era diferente. Al contrario de los temores que, alimentados por la imaginación, a menudo sienten los niños pequeños cuando están solos en su cama, aquello era agobiante…, y yo sabía que corría un peligro terrible.

He dicho que tenía cuatro años y medio, pero en realidad estaba a punto de cumplir cinco, si quiero ser exacta…, y sí que quiero serlo. Los recuerdos se emborronan con el paso del tiempo, sobre todo los infantiles, tan difíciles de traer a la memoria. De todas maneras, recuerdo ese día con la misma precisión que cuando sucedió. Y es que una visita al otro lado es imposible de olvidar.

El día empezó con alegría. Me encontraba en mi pueblo, en California del Sur, jugando con dos niños, que eran un año mayores que yo; cogíamos moras y las devorábamos como si fuesen caramelos. Estuvimos divirtiéndonos un rato al aire libre y luego decidimos construir un fuerte en el bosquecillo que había cerca de mi casa.

—Pero, primero —uno de los niños se volvió hacia mí y anunció—, si quieres seguir jugando con nosotros, tienes que conseguirnos unos polos.

Evidentemente, yo quería jugar al fuerte —era uno de mis pasatiempos favoritos—, así que hice lo que me exigían los niños mayores, aunque eso significara romper las reglas. No se me permitía entrar sin permiso en el garaje, donde estaba el congelador con los polos. Sin embargo, la atención no era algo que se prodigara en mi casa. Yo era una niña bastante reservada, y por eso recuerdo que me sentía auténticamente feliz este día lleno de amigos, y habría hecho cualquier cosa por seguir jugando. Mientras los niños me gritaban los sabores que querían que les cogiera, me dirigí al garaje, entusiasmada por lo que prometía ser una tarde maravillosa llena de polos, amigos y fuertes. Trepé al estante del congelador, que era vertical, y me puse de puntillas para coger aquello que deseábamos; recuerdo que miré dentro y vi solo la pared trasera. No había nada en el interior, salvo las baldas. De hecho, ni siquiera tenía la luz encendida. «Oh —pensé para mis adentros—, ¿por qué no hay polos?».

Mientras aquella idea seguía asentándose en mi mente, empecé a girarme, lista para transmitir la triste noticia de que no había polos. Sin embargo, antes de que las palabras pudieran salir de mi boca y mi cuerpo lograra darse la vuelta, sentí cómo la puerta del congelador se cerraba de golpe contra mi espalda, dejándome encerrada allí. Estaba atascada entre la pesada puerta y el interior del húmedo aparato..., y entre la vida y la muerte, como muy pronto iba a comprobar.

De cara hacia el interior y con las manos estiradas por encima de la cabeza (intentando todavía llegar al lugar donde creía que estaban los polos), no podía mover los brazos ni darme la vuelta. Oí la risa de los niños al otro lado de la puerta: sonaba muy lejana pero, al mismo tiempo, próxima, casi como si me fuera posible tocarla y unirme a la diversión. Como si yo también pudiera participar de la broma. Sin embargo, muy pronto la risa se desvaneció, seguida de un fuerte golpe. Los niños habían cerrado la puerta del garaje, dejándome allí atrapada y a mi suerte. Nadie bromeaba. Y luego nada. Silencio.

Mi mente se esforzó por entender qué estaba sucediendo y por qué. Seguro que los niños no querían dejarme allí... ¿Cómo podía alguien pensar que eso era divertido? Sin duda, se trataba de un malentendido. Pero muy pronto comprendí, horrorizada, que en realidad me habían abandonado, y empecé a intentar llamar la atención de la única forma que conocía: chillando. Una y otra vez. Pero nadie vino. A medida que el tiempo pasaba, lenta e insoportablemente, mis gritos se fueron intensificando y volviéndose más fuertes y primitivos, como los de un animal atrapado en una jaula. ¿Y no era yo justamente eso? La jaula en la que me encontraba era un congelador de los años cincuenta, por lo que no había nada en él que no fuera demasiado pesado para que mi diminuto yo pudiera empujarlo, abrirlo o levantarlo. Pasé, según dijo mi madre más tarde, entre treinta minutos y dos horas allí atrapada. Para mí fueron como unos minutos y, al mismo tiempo, una eternidad. Nunca lo sabremos con seguridad, pero lo más probable es que fuera algo intermedio.

Con la espalda aplastada contra la puerta y el tórax contra el interior del congelador, tenía todo el cuerpo aprisionado y cada vez me costaba más respirar. ¿Era eso lo que sintió mi tía, tumbada en «la caja», blanca y pálida, rígida, cuando le cerraron la tapa? ¿Estaba yo en mi propia caja, como ella? ¿Iba a morir? El instinto de supervivencia no tiene edad. Desde el primer aliento hasta el último sabemos cuándo corremos un peligro grave, y de manera intuitiva hacemos lo que sea necesario para seguir vivos. Nuestra alma está construida para la supervivencia, porque eso forma parte de nuestro ADN. Tenemos un sentido innato que nos impulsa a cumplir todo el viaje del alma que hemos acordado (analizaremos esto más adelante).

Cuando empecé a perder la conciencia, el miedo creció hasta convertirse en pánico y mi mundo comenzó a dar vueltas. Me retorcí con desesperación y probé de todo para abrir la puerta, que, pese a ello, no cedió. Estuve gritando lo que me pareció una eternidad, luchando por sobrevivir con cada respiración, sola y abandonada en la oscuridad más profunda que jamás había experimentado.

Y, de repente, aparecieron las luces.

—Deja de gritar —me dijo una voz extraña pero cálida—. Vamos a buscar a tu mamá.

En el congelador, vi con claridad tres luces blancas, una muy brillante en el fondo y otras dos ligeramente más débiles a los lados. Me encontraba al borde de la asfixia, mareada y confusa, pero al mismo tiempo cada vez más tranquila. Aunque estaba desorientada, de algún modo sabía que la que me hablaba era la luz más brillante.

—Deja de gritar —me repitió con suavidad—. Vamos a buscar a tu mamá, pero primero te queremos mostrar algo.

Con todo, yo no podía dejar de llorar. A pesar de lo magnéticas y consoladoras que me resultaban aquellas luces, estaba demasiado aterrada para hacer cualquier cosa que no fuera seguir moviéndome frenéticamente, intentando sobrevivir con la poquita energía que me quedaba, poniendo todo mi empeño en liberarme del féretro que me aprisionaba.

En los sesenta, mi madre era un ama de casa muy ocupada con cuatro hijos, un marido alcohólico y un millón de cosas que gestionar; un congelador desenchufado, casi sin uso y arrumbado en el garaje era la menor de sus preocupaciones. Sin embargo, ese día oyó con una claridad cristalina: «Tu pequeña está en el congelador». Ignoró ese primer mensaje, como hacemos a menudo con nuestra intuición, y siguió con sus tareas domésticas. Expulsó ese pensamiento oscuro de su alma, mientras la mía se dirigía en un torbellino hacia la luz.

LAS PRIMERAS GRIETAS DEL JARRÓN

En mi opinión, un bebé recién nacido es como un jarrón único y perfecto: está intacto. Sin embargo, con el tiempo, todos los niños incólumes y perfectos se desportillan, se agrietan, se hacen añicos. Para algunos, este proceso puede ser muy largo; para otros, muy breve. Yo me encontraba en este segundo grupo.

Tenía entre tres y cuatro años la primera vez que abusaron de mí, una situación traumática que perduró a lo largo de gran parte de mi infancia y que poco a poco fue agravándose, hasta que me hicieron circular por todo el vecindario. Todo empezó con unos niños de la comunidad que tenían unos cinco años más que yo. Me llevaban detrás de la vivienda colindante, a la que llamábamos «la casa de la familia Addams» porque tenía una A grande en la chimenea. Me hacían cosas incalificables, aprovechándose plenamente de mi confianza e inocencia. Echando la vista atrás me doy cuenta de que, fueran conscientes de ello o no, me estaban preparando para los adultos, pornógrafos que traficaban con muchos niños del vecindario.

Cuando la mayoría de la gente escucha la palabra *tráfico*, se imaginan a un niño robado y vendido con la ayuda de elaboradas organizaciones clandestinas. Aunque sin duda suceden ese tipo de cosas, lo cierto es que la mayor parte de las veces el tráfico se produce en los mismos barrios donde viven los niños, con personas a las que conocen y en las que confían. Son muchos los críos que, como yo, pasan por esa situación sin que los roben: abusaron de mí con regularidad en mi propio vecindario, sin que mis padres lo supiesen.

Quizá resulte difícil de entender su absoluto desconocimiento de la situación. Sin embargo, por aquel entonces —mucho antes de la aparición de los «padres helicóptero»—, las cosas eran diferentes y los niños se pasaban todo el día fuera de casa, haciendo trasladas sin supervisión. Además, los míos, al proceder de un pueblo de Iowa, eran extraordinariamente ingenuos respecto a este tipo de delitos, porque nunca habían oído que algo tan horrendo pudiera suceder en sus comunidades. Por otra parte, como si eso fuera poco, mi madre tomaba un auténtico cóctel de pastillas para su «dolencia», lo que en gran medida la dejaba mentalmente ausente. Todos esos factores permitieron que los abusos se perpetuaran durante años y a ojos vistas.

¿Y por qué no les conté a mis padres lo que pasaba? Mucha gente me ha planteado esta pregunta. Cuando todo empezó, yo era tan pequeña que ni siquiera comprendía que me hubiera sucedido algo malo. Al hacerme mayor, los perpetradores me dejaron muy claro que no era una buena idea que les fuera con el «chisme» a mis padres. Ten en cuenta que, como aquello no solo me sucedía a mí, sino también a muchos niños de la comunidad —mis amigos, mis hermanos—, me parecía algo «normal». Por desgarrador que resulte cuando echo la vista atrás, por mucho que se me rompa el corazón al decirlo en voz alta, *los abusos eran algo normal para mí*.

Jamás olvidaré el día en que me di cuenta de que no lo eran en absoluto. Mi abuela nos cuidaba cuando nuestros padres salían y yo la llamé por teléfono desde la casa de mi maltratador para decirle dónde estaba, porque tenía intención de volver más tarde de lo que habíamos acordado.

—Hola, abuela. ¿Puedo quedarme un poquito más para ir a nadar con mis amigos? —le pregunté.

—Muy bien, cielo, de acuerdo. Pero ven a coger el bañador. Te lo voy a preparar —me contestó.

—No hace falta —le dije—. No lo necesito.

—¿Qué quieres decir con que no lo necesitas? Por supuesto que sí…

—No, de verdad que no. ¡Aquí nadie lleva ropa nunca!

—¡¿Qué?! —gritó alarmada—. Susie, ven a casa inmediatamente.

En ese momento lo *supe*. Por fin comprendí que lo que estaba sucediendo a mi alrededor no era normal en absoluto. Sin embargo, al momento me sentí culpable, porque creí que era *yo* la que había hecho algo malo.

Por desgracia, era una época secretista. La gente no solía reconocer ni hablar de cosas reales como esta. Mi abuela creyó que se trataba de un hecho aislado, que solo había pasado esa vez, y jamás abordó con sinceridad el asunto, ni conmigo, ni con mis padres ni con nadie más. Por tanto, aquel modo de vida siguió formando parte de mi realidad hasta que tuve nueve años, cuando nos mudamos a otro barrio. Para entonces

ya sabía que lo que me estaba sucediendo era «malo», y esperaba que la salida de aquel vecindario fuera mi salvación. Por
desgracia, los abusos seguían a la vuelta de la esquina, esperándome en la nueva ciudad.

Ahora sé que, cuando han abusado de ti, tiendes a convertirte en el objetivo de más abusos. Si no te has sanado ni has
recibido protección, como era mi caso entonces, los abusado-
res te olisquean. Es como si llevaras una diana en la espalda; y
eso fue lo que me sucedió. La mayor parte de mi infancia estuvo teñida de abusos, una de las grandes heridas que he tenido que curar.

La luz a través de las grietas

¿Por qué las creaciones espiritualmente inspiradas tienen
que crecer y sufrir dolor? Y aparentemente perpetuo, además.
La experiencia humana tiene muchas cosas hermosas, pero
todos sin excepción, en algún momento, contemplamos nuestras piezas rotas y nos preguntamos: «¿Por qué a mí?». Me
pasó cuando por fin comprendí las cosas horribles que me
habían sucedido de niña, y estoy segura de que a ti también te
ocurrió lo mismo en relación con tus propios problemas individuales.

Tal y como descubrió Buda, el sufrimiento es la condición
humana. Así me lo han demostrado mis incursiones en el más
allá, incluida la experiencia cercana a la muerte, y mi trabajo
como médium espiritual, desarrollado en las décadas subsi-
guientes. La vida es un camino de lecciones que deben apren-
derse tanto a través de la alegría como del dolor. Este último
puede ser nuestro mayor maestro, y las lecciones acaban con-
virtiéndose en bendiciones si somos capaces de abordar los
desafíos a que nos enfrentamos. Debemos desviar nuestros

pensamientos del «¿Por qué a mí?» al «¿Qué lección me aporta esto?». De este modo nos alineamos con el desarrollo supremo de nuestra alma, con su propósito, que es lo realmente importante. Entendemos que los seres humanos nos resquebrajamos porque nuestra alma tiene que crecer. Necesitamos esas grietas para que la luz pueda penetrar.

Mientras escribía este libro, pensé mucho en el tema y me pregunté hasta qué punto los lectores necesitaban (o querían) conocer los abusos que sufrí en mi infancia. Sin embargo, en lo más profundo de mi corazón, sé que el mundo espiritual desea que utilice mi experiencia para explicar cómo este trauma, esta grieta —junto a todas las demás que se me han abierto desde entonces—, contribuyó a fortalecer mi fe en el Espíritu y me allanó el camino para que pudiera ayudar a otras personas. Esto es lo que *decidí* hacer con mis desafíos. Nuestras decisiones lo son todo, como aprenderás en este libro. Todo el mundo tiene heridas, traumas, desafíos, grietas; lo importante es lo que decidamos hacer con ellos.

Los abusos sexuales que sufrí fueron la mancha inicial en mi perfección infantil, pero, debido a mi corta edad, la negación era fácil y eficaz. La grieta que vino a continuación, mi experiencia cercana a la muerte en el congelador, fue imposible de ignorar. En esa ocasión supe que estaba sufriendo, que corría un grave peligro, que podía morir. Fue la experiencia más aterradora de mi vida, pero también uno de los momentos más brillantes, rebosante de lecciones profundas, que llevaré conmigo para siempre. Las verdades que aprendí entonces acerca del más allá me han ayudado a entender mejor las de la vida.

Por aquel entonces, mi mente infantil no era capaz de entender al completo la información que me estaban mostrando en el otro lado. Sin embargo, atesoré las lecciones. Más tarde, mediante toda una vida de reflexión, fui capaz de integrar este conocimiento en mi conciencia de un modo que me permitiera explicárselo a otros. La verdad primera y más importante que voy a compartir contigo es esta: la tierra es una escuela y la vida, un camino de lecciones. Esta última está formada por continuos amaneceres y anocheceres, veranos e inviernos, pleamares y bajamares. No podemos detener estos ciclos, pero sí aprender a avanzar con ellos y a dominar la danza de las estaciones. Este libro explora ese baile a través de la lente de mi vida.

*   *   *

¿Fue mi experiencia cercana a la muerte la que me llevó a convertirme en médium espiritual profesional? Sí y no. Lo cierto es que veo espíritus desde que tengo memoria. Sin embargo, antes no entendía de manera intelectual o espiritual lo que sucedía; simplemente, pasaba. Siendo niña viví con mi familia cerca de un bosquecillo donde había muchos animalitos, por lo que tenía a menudo la oportunidad de presenciar la pérdida y la muerte en el mundo natural. Aunque ver animales muertos siempre me entristecía, nunca me asustaba, porque recuerdo nítidamente que percibía figuras flotando por encima de su cuerpo físico y sabía que estaban bien. También veía con regularidad ángeles a los pies de mi cama; tenían un aspecto muy difuso, pero eran indudablemente luces celestiales (más tarde me enteré de que tienen que *difuminar* su luz cuando visitan nuestro mundo, para no asustarnos).

En mi familia, la comunicación espiritual es un don que se transmite de una generación a otra. Mi madre también poseía esta habilidad. Además de otras cosas, siempre nos contaba sus sueños acerca de la familia, y eran muy precisos. Sin embargo, tenía miedo de su don, porque no quería que la tomaran por loca. Al fin y al cabo, ya la habían recluido a la fuerza y la habían medicado por ello, pues nadie la creía. Por eso solo hablaba en familia y no compartía con nadie más lo que le pasaba. Mi hermana, en lugar de asustarse de su don, lo aceptaba y lo empleaba para ayudar a otras personas. Desarrolló un gran interés por las técnicas de sanación energética y utilizaba sus habilidades intuitivas para facilitar la sanación emocional que ayuda a reparar las dolencias físicas del cuerpo. Mi hermano también podía comunicarse con los espíritus cuando era niño. Por desgracia, al ir haciéndose mayor, cada vez le fue resultando más abrumador su don y quiso distanciarse de esta habilidad. A pesar de sus esfuerzos, no conseguía apartarla de sí y este conflicto le supuso un camino muy duro.

Así pues, aunque he tenido empatía con el mundo espiritual desde que tengo memoria, mi experiencia cercana a la muerte «traspasó el velo» para mí de una manera muy profunda. Nada volvió a ser como era, a pesar de todos mis esfuerzos por negarlo y vivir una vida «normal»; estaba inequívocamente agrietada y ya no fui nunca la misma. Sin embargo, hay formas de estar enteros con todas nuestras grietas. En el centenario arte japonés del *kintsugi*, se repara la cerámica rota con metales preciosos y de esta manera se obtiene una pieza todavía más exquisita que el original, con todas las grietas resaltadas. Del mismo modo, también nosotros podemos transformar en oro divino nuestro corazón humano roto y brillar más de lo que jamás habríamos imaginado. Y esto no es solo algo que *crea* yo; es algo que me *mostraron* las luces que me saludaron en la oscuridad en aquel día feliz que se volvió trágico.

MOMENTO DE INTEGRACIÓN
Sacar tu oscuridad a la luz

Haz una pausa. Respira. Este es tu primer Momento de integración y está diseñado para ayudarte a procesar todo lo que has aprendido en este capítulo. Quizá te apetezca dejar el libro y volver a él cuando tengas espacio para meditar y escribir sin interrupciones durante quince minutos o media hora.

Todos hemos tenido nuestras «grietas» en la vida, hemos experimentado dolor y agravios desgarradores y nos han machacado en nuestro camino. Tendemos a enterrar estos sucesos trágicos en la oscuridad más profunda, pero la sanación verdadera se produce cuando los sacamos a la luz. Nuestros caminos más oscuros son nuestros mayores activos. Debemos recorrerlos plenamente.

Te invito a que dediques un tiempo a escribir acerca del tema de este capítulo y la forma en la que se corresponde con tu vida. Guíate por cualquiera de las siguientes propuestas, la que prefieras:

- ¿Cuál fue tu primera «grieta», el sufrimiento más antiguo que recuerdas?
- ¿Qué experiencias han facilitado cambios positivos en tu vida?
- ¿Cuál ha sido tu mayor lección? ¿Por qué?
- ¿De qué forma has transformado hasta ahora tu aflicción humana en oro divino?
- ¿Qué personas, lugares y situaciones de tu infancia plantaron en tu alma una semilla que creció hasta que alcanzaste a comprender por completo la lección que debías aprender?

Ejercicio del capítulo

El conocimiento es maravilloso, pero muchos de nosotros necesitamos consejos prácticos para ponerlo en marcha. Este es el objetivo de los ejercicios de los capítulos. Muchos pueden abrirte a una valiosa introspección. En este libro te mostraré mis preferidos, los que me resultan más fáciles, para guiarte hacia la autorreflexión.

Las afirmaciones son frases que apoyan la manifestación de experiencias, creencias o sentimientos. Si no dejas de pensar en cosas negativas, estás «afirmando» a tu subconsciente y al universo que quieres *más* de eso. Crear afirmaciones positivas que se centren en lo que sí quieres sentir o experimentar ayuda a hacerlo realidad. Pueden generar para tu alma un entorno que vaya más allá de tu pensamiento, hasta el autoconocimiento y la sanación.

Crear afirmaciones es sencillo. Escribe frases cortas y positivas en presente y en primera persona. No debes afirmar «voy a ser una persona íntegra y amorosa» ni «ya no voy a tener pensamientos negativos». La primera mantiene lo bueno en el futuro, no en el ahora, y en la segunda tu subconsciente se salta el «no» y se centra solo en la negatividad, que es justo lo contrario de lo que deseas.

- Para este ejercicio, escribe una lista de 30 afirmaciones que se centren en tu sanación y en las cosas positivas que ves (o quieres ver) en ti.
- Elige cada día una o dos de ellas en las que centrarte. Puedes escribirlas y colocarlas en algún lugar donde las veas a menudo.
- Repítelas mentalmente o en voz alta siempre que te acuerdes. Cada vez que tengas un pensamiento ne-

gativo, utiliza a continuación una de tus afirmaciones positivas.

- Dedica un tiempo todos los días a enumerar tu lista de afirmaciones. Asegúrate de que no te interrumpan. Si te pillas teniendo pensamientos negativos mientras lo estás haciendo, respira hondo unas cuantas veces y vuelve a empezar.
- Aquí tienes algunos ejemplos de afirmaciones positivas para empezar:
  o Aporto empoderamiento personal a todas las situaciones.
  o Soy una persona valiosa, digna de ser amada y capaz de sanar.
  o Estoy repleto de la esencia de todo lo que es bueno y correcto.
  o Soy alguien entero y completo tal y como estoy.

No esperes ver resultados inmediatos con ellas. Se tardan 26 días en empezar la difícil tarea de reprogramar la mente. De hecho, nuevos estudios revelan que pueden ser necesarios hasta 63 de repetición para completar una empresa significativa. Ten paciencia contigo y con el proceso.

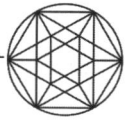

CAPÍTULO 2

La Habitación de los Deseos del Corazón

—**R**ESPIRA DESPACIO Y DEJA DE GRITAR, Susie —continuaron diciendo las luces a su modo suave y cálido.

Yo seguía intentando salir del congelador, pero me estaba cansando y las luces me resultaban cada vez más acogedoras. Al percibir mi confianza creciente, poco a poco se fueron acercando a mí. No podía negar que su brillo amoroso me resultaba muy protector y seguro, como una madre, que era lo único que yo deseaba todo ese tiempo: a mi mamá.

Se presentaron a sí mismas como sustitutas y acabé rindiéndome a su abrazo; después de una lucha tan larga, estaba cansadísima. Cuando mi mente perdió la conciencia, mi alma empezó a sentirse como si yo estuviera soñando. Jamás olvidaré esa sensación de ser guiada por fuerzas que me ayudaban a cruzar. Era algo tan tierno como una niña conducida por su madre. Y, de repente, me encontré en un lugar nuevo y desconocido: ¡el plano espiritual!

«¿Qué está pasando?», «¿Dónde estoy?», «¿Dónde está mi mamá?». Estos pensamientos corrían por mi mente mientras experimentaba la sensación de estar en otro lugar, en otro espacio y otro tiempo. Durante unos momentos, el miedo del congelador siguió acompañándome y empecé a balancear el cuerpo en un intento por consolarme. Sin embargo, las luces me arroparon al instante ofreciéndome el abrazo más cálido que jamás había sentido. Supe que estaba segura.

Las palabras «Sé que me queréis más que a nada» no hacían más que repetirse en mi cabeza, pero el pensamiento no surgía de mí. Supe de repente que las luces me querían muchísimo. Era como si lo hubieran inyectado en mi alma como un mantra tranquilizador. A partir de ese momento, el miedo se desvaneció y me sobrevino una sensación de paz. Seguía siendo pequeña, seguía siendo yo y deseando que viniera mi mamá, pero cuando el calor de las luces me envolvió, me volví cómplice, tranquila y curiosa. Estaba preparada para lo que tenía ante mí.

Con las luces a mi lado, empecé a asimilar aquel nuevo lugar. Me encontraba en la parte inferior de una escalera y sabía que tenía que llegar arriba. Sin embargo, no tenía ni idea de cómo iba a conseguirlo, porque mis sensaciones solo pueden describirse como «gelatinosas»: era incapaz de mover el cuerpo de la forma habitual, aunque físicamente tenía el mismo aspecto. Sin embargo, en cuanto empecé a preguntarme cómo iba a subir hasta lo alto, me encontré allí. Mis pensamientos parecían manifestarse al instante.

Una vez arriba, me vi en una habitación circular de estilo grecorromano. A una edad tan temprana, no sabía absolutamente nada de estilos arquitectónicos, es evidente, pero hoy puedo identificarlo. Por aquel entonces solo me daba cuenta de que tenía un aspecto extraño y encantador. Decir que era hermoso sería quedarme muy corta.

—¿Dónde estoy? —pregunté asombrada. En ese momento entendí de repente que las luces que seguían brillando a mi lado eran ángeles. Me contemplaron con una sonrisa radiante y mi cuerpo quedó bañado por una sensación de conocimiento y pertenencia. Era como si me hubieran limpiado el alma con su amor.

—Estás en la Habitación de los Deseos del Corazón —me dijeron.

He utilizado la palabra *dijeron*, pero sería más exacto decir *cantaron*. Rápidamente aprendí que, cuando los ángeles hablan, las palabras y la música surgen de manera simultánea... sin que tengan siquiera que abrir la boca. Lo hacen telepáticamente a través de su alma, y su lenguaje y su música irradian sanación y amor puros. La cadencia de su voz es muy particular; lo que más se podría parecer a ella en la tierra es el canto de las ballenas. No puedo explicar totalmente por qué ni cómo hablan; solo puedo decirte que la belleza de su voz es el sonido más exquisito que he oído jamás y que produce una sensación medicinal. Así como escuchar una sinfonía de ballenas nos sintoniza con los ritmos de la Madre Tierra, escuchar la música angélica del alma nos sintoniza con la naturaleza de lo Divino.

No tengo palabras para describir la belleza y el asombro que sentí y vi allí. Estaba iluminada por una luz radiante y a mi alrededor giraban colores increíbles. Mi entorno estallaba de hojas y flores tan brillantes y frescas que vibraban. Me parecía casi como una pintura viviente no realizada y completamente distinta a cualquier cosa que hubiera visto en mi corta vida. Era increíble, emocionante; estaba feliz. Tenía la sensación de haber entrado en un mundo nuevo rebosante de emoción y posibilidades, y mi alma pudo ponerse en contacto con toda esta imponente belleza sin esfuerzo alguno.

La habitación circular estaba llena de grandes columnas, muchas de ellas rotas, como una ruina antigua, y no parecían estar unidas a nada, porque no había techo ni paredes. El recinto estaba completamente abierto a la brillante luz de los cielos que tenía encima. Por todas partes había cristales totalmente transparentes, incluso flotando por encima de mí. Uno de ellos en concreto parecía ser el más importante: una pirámide de cuarzo gigantesca y maravillosa cuyos lados parecían fluir.

Como era una niña curiosa, alargué la mano hacia ella. Luego intenté introducirme totalmente, pero no fui capaz, y me di cuenta de que no debía hacerlo. Incluso hoy me siguen brotando las lágrimas al pensar en ello. Parecía una especie de puerta y yo no tenía permiso para cruzarla. Podía ver contornos de cuerpos, pero no caras, que se movían dentro de ella, y pronto supe que eran almas. Al otro lado percibía movimiento, más allá; no nubes, ni agua, sino alguna otra profundidad.

De repente me di cuenta de que una vez que un alma traspasaba el cristal, no podía regresar a su forma anterior. Las que veía ya habían hecho el tránsito desde su vida más reciente, y supe que algunas eran personas a las que quería. No sabía quiénes eran exactamente, solo que las quería, y fue una sensación muy reconfortante.

Entonces empecé a sentir que había otros a mi lado del cristal seductor con los que podía interactuar. La gente caminaba por la habitación con cuerpos muy flexibles, como si se fueran a disolver en líquido en cualquier momento, igual que la mantequilla que se funde en la sartén. Estaban acompañados de otras figuras, que parecían ser sus seres queridos, que los guiaban. Nadie me lo dijo, pero percibí un amor profundo entre ellos.

—¿Estás bien? —le pregunté a uno, interesada.

—¡Oh, sí, lo que pasa es que todavía no me he acostumbrado a mi cuerpo etéreo!

Me dirigió una sonrisa radiante y siguió avanzando. Recuerdo que me pregunté qué sería exactamente un «cuerpo etéreo», aunque sabía que el mío era igual. Supe instintivamente que acababan de cruzar y que estaban siendo transportados a otro espacio al que yo no había llegado todavía.

LECCIONES CONTENIDAS DENTRO DEL POZO

Con el cielo brillante sobre la cabeza y las almas a mi alrededor, miré hacia abajo y vi un oscuro abismo parecido a un pozo. Sin embargo, a pesar de su oscuridad, no me asustaba lo más mínimo.

Cuando digo que parecía un pozo, así era para mi yo de cuatro o casi cinco años. Es importante señalar que toda esta experiencia se filtró a través del cerebro de mi ser infantil y que la recuerdo hoy tal y como la percibí entonces. Me daba cuenta de que *sabía* algunas cosas, pero no todo. Aquello que se suponía que una niña tenía la capacidad de entender se me descargaba sin esfuerzo y al instante. A lo largo de mi vida iría aprendiendo a encontrar sentido a asuntos mucho más complejos.

El doctor Raymond Moody —que acuñó el término «experiencia cercana a la muerte» (ECM) en su libro de 1975 *Vida después de la vida* y con el que estudié para obtener el doctorado en Divinidad— me contó más tarde que mi descripción podría ser «el túnel» del que hablan tantas de las personas que han vivido estas experiencias y que ha sido descrito de muchas maneras diferentes, como una cueva, un pozo, un recinto, un embudo, un vacío, una alcantarilla, un valle o un cilindro. Jamás tendré la seguridad total de si era el famoso túnel, pero sí puedo afirmar con certeza que la sensación de «eternidad» que percibí al contemplarlo fue innegable. Recuerdo que miré este pozo circular situado al fondo de la habitación y luego volví a alzar la vista hacia la abertura también circular de la parte superior del edificio y, sencillamente, supe. Mi pequeño yo humano no conocía ni por lo más remoto la palabra *eternidad*, pero mi yo espiritual etéreo entendía sin lugar a dudas que aquello era algo eterno, ininterrumpido, perpetuo, y tuve la sensación de que quizá yo también podía serlo.

«Me pregunto qué habrá allí abajo». Una vez más, mi pensamiento se convirtió al instante en una realidad y me encontré justo al borde del pozo. Los tres ángeles seguían a mi lado infundiéndome consuelo y amor. Se escuchaba una música suave de fondo, como el ligero vaivén de las ramas de los árboles en un día ventoso.

Me sentí invitada por alguna fuerza más grande que yo a mirar hacia el interior del pozo. Al hacerlo, vi movimiento en la oscuridad. Fijé más la mirada y percibí millones de palabras y frases que se entremezclaban como si estuvieran dando vueltas en una batidora. Todavía no sabía leer, pero fui consciente de que veía palabras y comprendí que estaba siendo testigo de algo milagroso. Con la perspectiva actual, puedo decir que parecían hebras de ADN infinitas que bailaban entre ellas.

—¿Qué es eso? —pregunté admirada.

—Son los deseos del corazón de cada alma viva.

Aunque no lo entendí del todo, percibí la profundidad de la emoción que se escondía tras las palabras que mis guías angelicales me estaban diciendo. Al observar las esperanzas, los sueños, las decepciones y las oraciones de todas las personas del planeta mezclados en el pozo, tuve la sensación de que todos éramos uno solo. *Supe* que lo éramos, aunque no comprendiera las implicaciones de este hecho.

En el mundo humano nos experimentamos como separados, individualistas y divididos; pero la verdad más grande que se esconde detrás de la cortina es que todos pensamos, soñamos, esperamos, sufrimos y rezamos de la misma manera, conformando una conciencia colectiva unificada en la que cada pensamiento que albergamos y cada acción que emprendemos afecta al conjunto. Todos somos gotas de agua en el mismo mar, que suben y bajan con la totalidad.

No me extraña que la máxima «Trata a los demás como te gustaría ser tratado» sea un mandato de casi todas las religiones que existen. Si me porto mal contigo, me porto mal conmigo; si me niego a perdonarte, me niego a perdonarme; si te trato con cariño, me estoy tratando con cariño a mí misma. En ese momento comprendí por primera vez la «unicidad».

—¿Hacéis realidad todos esos deseos? —pregunté.

En lo más profundo de mi ser, mi alma sabía que aquellas personas se sentían desesperadas y necesitadas de respuestas. Mi corazón esperaba que la respuesta a mi pregunta fuera un rotundo «Sí».

—No, Susie, no todos —respondieron—. A veces, lo que las personas desean por encima de todo no es bueno para ellas.

Eso ya lo había oído. Era una de las frases recurrentes de mi madre… y algo que no me gustaba demasiado oír. Tras mis quejas infantiles naturales cuando me negaba más caramelos o dormir en su cama, siempre me decía:

—No siempre puedes conseguir lo que quieres, Susie, porque a lo mejor no es bueno para ti.

Y así como mi madre negaba mis deseos a veces para protegerme, el mundo espiritual escucha cada una de tus oraciones y empatiza con ellas, pero a veces las rechaza por tu bien. Lo que el ego humano desea no es siempre lo que necesita la expansión del alma.

Los ángeles, por supuesto, sabían que explicar este concepto profundo utilizando el lenguaje de mi madre me iba a resultar seguro y familiar, y así fue, sobre todo porque procedía de unos seres de luz tan amorosos y bellos. El mundo espiritual nos muestra intencionadamente cosas y nos explica conceptos de una forma que conocemos por esa misma razón: ¡para que los entendamos! Mis experiencias como médium evidencial profesional lo confirman. Cuando los espíritus quieren comunicarse con nosotros, la forma en la que lo hagan no nos resultará extraña. Acuden tal y como los conocemos para que no tengamos miedo. Desde el principio de esta visita, me mostraron ángeles del mundo espiritual porque me resultaban lógicos basándome en mi educación católica. En aquella fase de mi vida, sabía que eran unos seres amorosos, amables y dignos de confianza. Por tanto, eso fue lo que se me mostró, para tranquilizarme y disminuir mi miedo. Al fin y al cabo, es un acto amoroso de protección, lo cual no resulta sorprendente, porque los ángeles son amor puro.

Como me explicaron esta lección de una forma que me resultaba congruente y segura según la experiencia que había vivido hasta ese momento, confié en ella y la he llevado conmigo desde entonces. De todas maneras, no entendía el porqué. ¿Por qué no ayudaban a la gente siempre que rezaba? ¿Había unas personas mejores que otras? ¿Me iban a conceder mi profundo deseo de estar de vuelta con mi mamá?

Los relatos de las experiencias cercanas a la muerte suelen transmitir que la persona no quiere regresar a su cuerpo humano, pero en mi caso no fue así. Como suele suceder, yo ya no estaba asustada ni sufría. El más allá me parecía amoroso y estupendo, y lo disfruté mucho, pero, en lo más profundo de mi ser, seguía queriendo estar con mi mamá.

La mayoría de los niños con los que trabajo hoy que han realizado visitas al otro lado afirman, como yo, que querían volver. ¿Por qué? Casi todos los niños siguen estando muy sintonizados con el mundo espiritual pero conectados con las alegrías de la vida humana. Con suerte, siguen viviendo lo mejor de ambos mundos. Son seres enteros, puros y felices... hasta que las realidades más complicadas de la vida acaban encontrándolos y empiezan a aparecer las grietas.

Los adultos, por el contrario, *no* quieren regresar, porque saben de primera mano que la vida es dura; en el mejor de los casos, ya están desportillados, y en el peor, están hechos añicos. Agotados por las cargas de la escuela de la Tierra. Por eso, la dicha pura y completa que encuentran en el otro lado les parece un alivio temporal al que no están dispuestos a renunciar fácilmente.

Sin embargo, como acababa de aprender, mi profundo deseo de volver con mi mamá no implicaba necesariamente que me lo fueran a conceder. Los ángeles querían responder primero a mi pregunta de por qué no siempre conseguimos lo que deseamos. Por tanto, teníamos que dar un paseo por el Camino de Baldosas Amarillas.

MOMENTO DE INTEGRACIÓN
Reconfigurar el rechazo humano en reorientación divina

¡No, no siempre podemos conseguir lo que deseamos! En próximos capítulos profundizaremos más en los motivos. Por ahora, te invito a que veas los rechazos que percibes en tu vida como una reorientación divina. Integra esta lección dedicando un tiempo a meditar y escribir sobre cualquiera de las siguientes propuestas:

- ¿Qué cosas creíste necesitar pero no recibiste? ¿Qué sentimientos te suscita?
- Describe un punto de tu vida en el que no conseguir algo que querías de verdad fue para bien. ¿Cómo te ayudó ese rechazo a crecer y a desviar tu rumbo hacia un camino mejor? ¿Qué habría sucedido si hubieras obtenido lo que creías que deseabas?
- ¿Recuerdas momentos en los que «sabías» algo pero no actuaste en consecuencia y luego se vio que deberías haber escuchado? Haz una lista de algunas de las consecuencias de no escuchar a la sabiduría de tu intuición.

- ¿En qué momentos actuaste siguiendo tu conocimiento intuitivo? Haz una lista de esos buenos resultados en tu diario.

Ejercicio del capítulo

La música es muy sanadora para el alma y eleva tu vibración. Los ángeles nos hablan a través de ella y eso nos ayuda a entender por qué sana a los humanos en un nivel universal. Así como los ángeles la emplean para otras personas, tú puedes hacer lo mismo.

- Piensa en qué música te tranquiliza el alma. ¿Por qué? Podría ser bueno escucharla mientras lees, escribes o meditas.
- Dedica un tiempo a moverte con la música que te gusta. Proponte cerrar los ojos y permitir que los sonidos resuenen en tu energía.
- Mientras bailas o escuchas música, piensa en los momentos en los que hayas sentido «unicidad», en los que estabas conectado con todo. En los que *sabías* algo como si te lo hubieran *descargado* en el cerebro.
- Escribe los sentimientos que has experimentado durante este ejercicio y el efecto que han producido en ti. ¿Te sientes tranquilo y relajado o agotado?

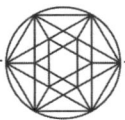

CAPÍTULO 3

La razón de los desafíos de la vida

*¿C*UÁL ES EL SENTIDO DE LA VIDA*?* Esta es una pregunta ancestral que todos nos hemos planteado en un momento u otro. Para algunos, es un pensamiento fugaz en los días complicados, pero para otros es el hilo principal de cada jornada. Sea lo que fuere, todos tenemos un instinto que nos dice que la vida tiene que ser algo más que la monotonía del mundo material.

Desde una perspectiva humana, podemos decir sin miedo a equivocarnos que la mayoría de nosotros consideramos que el sentido de la vida es encontrar paz, amor y alegría. Sin embargo, desde un punto de vista espiritual, no es tan sencillo. Cuando la paz, el amor y la alegría son lo que consideramos «el objetivo» de la vida, en el momento en que no sentimos esas emociones positivas creemos que hemos fracasado. Teniendo en cuenta el mundo tan turbulento en el que vivimos, este «fracaso» puede ser bastante habitual. Si actuamos desde esta perspectiva, podemos fácilmente deslizarnos más y más hacia la desesperanza con cada uno de los obstáculos inevitables que se nos van presentando. Lo que el mundo espiritual me enseñó sobre el sentido de nuestra vida humana, y de la razón de los desafíos que están entretejidos en ella, supone un cambio de vista significativo: el sentido de la vida humana es expandir nuestra alma y cultivar el amor a nosotros mismos a través de nuestras decisiones. Y las adversidades son el abono más potente para conseguirlo.

Por amor de Dios, ayúdame. ¿Alguna vez has dicho esto? Muchos de nosotros, en un momento u otro, hemos invocado al Espíritu en busca de ayuda. El sufrimiento es universal en la experiencia humana y contiene este sentimiento, el impulso de rendirnos a algo más grande que nosotros.

En algún punto de nuestra vida —y algunos de nosotros, en muchos—, *todos* caemos de rodillas. Puede ser por la muerte de un ser querido, por un divorcio, por la pérdida de una mascota o de un trabajo, por un diagnóstico desolador, por una relación o situación de maltrato o por cualquier otro acontecimiento que nos altere la vida. Nuestros momentos más oscuros, cuando se contemplan desde una perspectiva espiritual, son aquellos en los que alcanzamos el crecimiento más profundo del alma. En nuestras noches oscuras estamos agobiados por una desesperanza tan intensa que seguir como siempre se vuelve imposible. Es un momento de cambiar o de que nos cambien. Y en estas situaciones humanas bajas es cuando nos vemos impulsados en busca de nuestro yo más grande. Los obstáculos son a menudo puertas de entrada a lo Divino.

Está claro que existen oportunidades de aprender y expandirse tanto a través de la alegría como del dolor; pero en los momentos buenos, la mayoría de nosotros sencillamente *no* damos esos saltos gigantescos de fe que se necesitan para que el alma crezca. No es algo imposible ni desconocido, pero sí una excepción en la experiencia humana. Para la mayoría de nosotros, el esfuerzo para el crecimiento espiritual exige que toquemos fondo, independientemente de lo que signifique eso para nosotros. El dolor es nuestra mayor motivación para el cambio.

Del mismo modo que en el mar siempre habrá olas, en la vida siempre habrá obstáculos. Vienen y se van. No sabemos qué traerá consigo cada ola que nos llega, pero sí que será algo. Nuestra tarea no consiste en intentar disminuir las olas, sino en convertirnos en mejores surfeadores. Durante mi viaje por el más allá, los ángeles me mostraron un enfoque más manejable de cómo navegar por las olas de nuestra vida, siempre y cuando estemos dispuestos a confiar.

EL PAVIMENTO DEL CAMINO DE BALDOSAS AMARILLAS

Cuando salí de la Habitación de los Deseos del Corazón, los ángeles me condujeron a otro lugar y me mostraron un camino dorado y reluciente que me recordó a *El mago de* Oz. Lo denominé «Camino de Baldosas Amarillas», aunque era más dorado que amarillo. Los ángeles nunca me dijeron cómo se llamaba realmente, de modo que así es como me he referido a él hasta hoy. Sabía que habían creado este sendero deslumbrante con su amor puro y que lo habían hecho para nosotros, los seres humanos.

Muchas almas humanas estaban trabajando duro para pavimentar sus propios caminos, separados del dorado. Las observé mientras se dirigían hacia una pirámide de baldosas situada cerca del sendero, las sacaban del fondo de la pila una a una y las colocaban para crear cada peldaño. Con ello desequilibraban la pirámide, que amenazaba con venirse abajo como un juego de Jenga en sus etapas finales.

—¿Qué están haciendo? —pregunté preocupada.

—Están actuando según su libre albedrío, Susie, intentando tender sus propios caminos.

Las almas humanas creían que su labor consistía en pavimentar sus senderos, pero aquellos que tantísimo esfuerzo les estaba costando hacer acababan siempre torcidos, llenos de baches y rotos. Esto les hacía sentirse abatidas y derrotadas, porque desconocían totalmente que ya había sido creado para ellas un camino más fácil conducido por el espíritu. Las vi caer de rodillas y rogar: «Por el amor de Dios, ayúdame».

Cuando un alma gritaba pidiendo ayuda, los ángeles se abalanzaban hacia ella, cogían la baldosa que la persona acababa de colocar y la volvían a poner en la base de la pirámide para estabilizarla. Luego cogían la que estaba situada en la punta y empezaban a pavimentar de nuevo el camino de la persona tal y como debía ser. Parecían estar corrigiendo los errores humanos.

—¿Qué significa esto? —pregunté.

—Nosotros somos los que de verdad pavimentamos —me dijeron—. No tú. Lo único que tienes que hacer es seguir tu camino.

—Pero ¿cómo saber si lo estoy haciendo bien?

—Porque nosotros estamos siempre bendiciendo o bloqueando tu sendero, guiándote hacia lo que está destinado para ti. No te equivoques: si quieres puedes atravesar un bloqueo, aunque acabes machacada y contusionada. Sin embargo, lo mejor es que confíes en nosotros, que aceptes «lo que hay» y que cambies tu rumbo. Si sigue habiendo un bloqueo, tomas otra decisión y vuelves a cambiar. Nosotros te pavimentaremos el camino; lo único que tienes que hacer es recorrerlo prestando atención tanto a los bloqueos como a las aperturas.

Aunque gran parte de lo que me dijeron no tenía sentido para mí, entendí claramente que ellos estaban al cargo.

—Fuiste creada por el Espíritu —me dijeron, leyendo mi mente— y te amamos y queremos lo mejor para ti. Crees que sabes lo que es mejor, pero nosotros somos los que de verdad lo sabemos. Por eso, cuando te deshaces de los patrones de pensamiento de lo que crees que deberías hacer y pones tu confianza en nosotros, el camino se vuelve más fácil.

Años más tarde me di cuenta de que la pirámide de baldosas doradas representaba nuestro camino de vida, y los ladrillos que sacábamos eran las decisiones que tomábamos. Elegir cogerlos del fondo y desequilibrar la pirámide representaba un camino de vida desequilibrado. El equilibrio es crucial en todo lo que hacemos. Cuando no existe, aparecen las adicciones y dificultades importantes.

Como seres humanos con un cerebro egocéntrico, seguimos tomando decisiones que no son buenas para nosotros, porque creemos que sabemos lo que es mejor. Ponemos nuestra confianza en el mundo visible de la materia, convencidos de que somos los creadores, los maestros y los que controlan. Si no lo hacemos nosotros, nadie lo va a hacer, ¿no es cierto? Sin embargo, los espíritus me mostraron que esto está a años luz de la verdad.

El mundo espiritual está esperando que veamos que siempre se encuentran ahí para ayudarnos. Son los faros que brillan en medio de las tormentas de nuestra vida, pero muchos nos negamos a abrir los ojos para seguir sus directrices. Con demasiada frecuencia, nuestro ego se interpone y nos impide pedir ayuda a los ángeles y a nuestros guías, por lo que no interferirán aunque estemos navegando por aguas procelosas.

A todos nos han dado metafóricamente con la puerta en las narices alguna vez. Es posible que hayamos deseado algo con todas nuestras fuerzas y que luego haya aparecido una fuerza exterior diciendo: «No, esto no es para ti. ¡El siguiente!». A nuestro ego le resulta complicado abordar el rechazo, pero para nuestra alma no es más que una redirección hacia un camino mejor para nuestro crecimiento espiritual. Si el camino está bloqueado, es por un motivo, y se supone que debemos pasar a otro más alineado.

Esto parece muy fácil —ver nuestros desafíos como invitaciones a cambiar y florecer—, pero ¿por qué nos resulta tan difícil integrar de verdad este concepto? El mundo espiritual nos está pidiendo que veamos los obstáculos como redirecciones hacia un camino mejor. Sin embargo, muchísimos de nosotros empezamos de inmediato a intentar averiguar una forma de sortearlos para poder seguir en la misma dirección. Cuando creemos que podemos controlar todos y cada uno de los aspectos de nuestra vida, los bloqueos nos parecen fracasos personales, ¡y eso no es precisamente agradable! Queremos lo que queremos y en el momento en que lo queremos, y está claro que la sociedad celebra esa fuerza de voluntad humana a prueba de bombas. Sin embargo, los ángeles nos están pidiendo que tengamos fe en lo que no podemos ver y que permitamos que el camino dorado que han pavimentado para nosotros pueda desarrollarse.

Con mucha calidez, me revelaron que, en nuestra búsqueda del éxito, tendemos a priorizar el «ganar» por encima de cualquier otra cosa, y por eso decidimos abrirnos paso a empujones cuando encontramos obstáculos. Sin embargo, el objetivo de esos desafíos no es que los conquistemos por la fuerza, sino que los aceptemos y apreciemos como experiencias valiosas, igual que cuando el camino es suave y sin esfuerzo. Básicamente, tanto los obstáculos como los caminos abiertos sirven de herramientas para mantenernos en el rumbo correcto hacia nuestros objetivos. Como dice el famoso proverbio cuáquero, «Avanza cuando el camino se abra».

Los ángeles me explicaron que al dejar de intentar controlarlo todo es precisamente cuando podemos acceder a nuestro mayor alineamiento en el camino dorado construido específicamente para nosotros.

—Verás, Susie, aquello de lo que escapas te persigue y lo que intentas controlar te controla a ti —me explicaron. Si reflexionamos con honestidad sobre nuestra vida, debemos preguntarnos si correr y controlar nos ha llevado a algo que no sean problemas. Desde la perspectiva del alma, aprender a confiar en el mundo espiritual, sobre todo en los momentos aparentemente malos, es el único billete para disfrutar de una experiencia humana de primera clase, y el camino más cómodo para hacer crecer nuestra alma y cumplir el sentido de nuestra vida.

¿Y QUÉ PASA CON EL LIBRE ALBEDRÍO?

Tras esta insistencia en dejar de controlar y entregar el volante de nuestra vida al Espíritu, estoy segura de que el libre albedrío es la gran cuestión que tienes ahora mismo en tu mente. Los ángeles me dijeron que, por supuesto, contamos con él, que es algo que no se puede cuestionar. Es el *objetivo* de nuestras encarnaciones humanas. Estamos precisamente aquí, en la tierra, para tomar decisiones que expandan nuestra alma. El crecimiento depende de ellas.

Poner nuestra confianza en el Espíritu no significa que todo esté predestinado para nosotros ni que nada nos vaya a costar esfuerzos, sino que la vida se nos vuelve más manejable y significativa cuando confiamos en que hay un equipo espiritual que nos guía y en que podemos hacer mejor aquello para lo que hemos venido aquí.

Nuestro equipo espiritual está formado por nuestro grupo de almas: todas las almas, ángeles y guías que han sido elegidos para apoyarnos y ayudarnos en este viaje. Nuestros seres queridos en el más allá son almas familiares que han hecho el tránsito y mantienen una conexión con los que dejaron atrás, motivada principalmente por el amor y el deseo de ofrecer consuelo y presencia. Los guías angelicales son seres espirituales que sirven como mensajeros o protectores y orientan a los individuos a lo largo de su vida terrenal. Estos seres poseen sabiduría divina y proporcionan orientación de acuerdo con un propósito espiritual superior. Son entidades independientes con un propósito cósmico más amplio, mientras que los guías espirituales son entidades no físicas o energías cuyo fin es orientar y dar protección y sabiduría a las personas en su recorrido vital.

Los grupos de almas que conforman nuestros equipos espirituales están preparados para ofrecernos orientación siempre que la necesitemos. No tenemos que hacer nada especial para recibirla, solo pedirla. Sin embargo, debido a nuestro libre albedrío, no pueden interferir, sino *solo* intervenir en nuestra vida cuando les pedimos que lo hagan.

En mi opinión, el tópico de que «todo sucede tal y como se supone que es debido» parece indicar que todo está predestinado. Pero eso no fue lo que me mostraron durante mi experiencia cercana a la muerte ni en las décadas que llevo trabajando como médium. Si así fuera, nuestras decisiones no significarían nada y la vida *carecería* de sentido. Esta naturaleza sagrada e inviolable de nuestro libre albedrío es el motivo por el que creo que nadie puede ofrecer una precisión *total* como lector psíquico. Sería difícil decir a la gente cuál es su futuro cuando pueden tomar una decisión distinta en cualquier instante.

En un momento u otro, todos hemos caído de rodillas en las situaciones más complicadas de nuestra vida, y es entonces cuando *decidimos* lo que hacemos con ese dolor. Como suele decirse, «puedes amargarte o aprovechar la situación para crecer». Lo que yo decida hacer con los valles de mi vida es elección mía, y lo que tú elijas es cosa tuya, y estas elecciones determinan el índice de expansión de tu alma. Mi vida, por ejemplo, ha estado repleta de traumas, pero yo elijo transmutar la oscuridad en luz. Decido convertirme en *más*, aunque tenga un montóm de motivos para decidir ser menos.

Todos contamos con buenas razones para sentirnos victimizados en esta vida, pero cuando tomamos la decisión consciente de ser los vencedores de nuestras circunstancias, crecemos de verdad en el nivel del alma. Está claro que podemos elegir no crecer con todo. Podemos regodearnos durante siglos y gritar: «Por qué a mí?». Podemos decidir enterrarnos en un agujero, escondernos en nuestro cuarto, cubrirnos la cabeza y no afrontar la vida. Podemos elegir matarnos y no seguir haciendo frente al dolor de la vida. Así de poderoso es nuestro libre albedrío. El mundo espiritual me ha enseñado que nuestra alma no se sentirá feliz con esas decisiones, pero lo cierto es que *tenemos* la posibilidad de elegir libremente.

Esto es algo crucial, porque nos permite experimentar el crecimiento personal y la transformación. En último término, cada decisión que tomamos como individuos altera el curso de nuestro viaje y nos conduce por un camino diferente, y eso a su vez cambia el resultado de nuestras experiencias y el potencial de crecimiento.

LA TIERRA ES LA ESCUELA DE NUESTRA ALMA

Quizá te estés preguntando por qué venimos si el otro lado es tan dichoso. Desde luego, yo sí me lo he planteado, sabiendo lo que sé del alborozo puro que existe allí. Ahora bien, ¿me creerás si te digo que, como almas, pedimos hacerlo a pesar del dolor? Como veremos en el próximo capítulo, pasamos un montón de tiempo preparándonos y planificando las cosas para ello.

Sin el contraste de la profunda oscuridad del espacio, no podríamos ver las estrellas, y del mismo modo nuestras almas amorosas necesitan el contraste para poder ser plenamente experimentadas, expresadas y vistas. En esta analogía, la tierra es la oscuridad para la luz de nuestra alma. Con esto no estoy diciendo que la vida en la tierra no albergue una alegría y una belleza exquisitas, porque sí lo hace. Sin embargo, comparada con nuestro hogar espiritual, no es una tarea fácil... ni tampoco debe serlo. Como almas del mundo del espíritu, queremos venir, a pesar de las inevitables luchas que ello conlleva, porque así es como aprendemos, crecemos y nos experimentamos a nosotros mismos. Aunque el mundo espiritual es omnisciente, no es experiencial.

Puedes imaginarlo de la siguiente manera. Puedes asistir durante muchísimos años a la facultad de Medicina para convertirte en cirujano del corazón. Puedes leer toda la literatura educativa disponible, asistir a conferencias de los mejores cirujanos del mundo y practicar ampliamente tus habilidades. Puedes tener todo el conocimiento técnico necesario para operar, pero hasta que no lo hagas en un corazón humano vivo y palpitante, ¿podrías decir que dispones de verdad de los conocimientos y la experiencia que precisas para intervenir o para denominarte cirujano del corazón? Claramente, no. Del mismo modo, en el mundo espiritual puedes saber todo acerca de tu alma pura de amor y luz, pero, hasta que no experimentas un lugar en el que exista el contraste del dolor y la oscuridad, jamás llegarás a dominar de verdad el conocimiento de ti mismo. La luz necesita la oscuridad para experimentarse. Las grietas de la vida son en realidad el lugar donde se puede encontrar el oro.

¿Qué les sucede a las personas «malas»?

Me di cuenta de que tenía una pregunta más que hacerles a los ángeles mientras procesaba todo lo que me habían transmitido. De algún modo entendía que nuestras almas y las vidas en «el otro lado» eran amor y dicha puros, pero que venimos a la tierra para aprender a través del contraste. Comprendía que teníamos libre albedrío para tomar decisiones y crecer. Aquellas lecciones irían adquiriendo más sentido a medida que iba recorriendo el camino de mi vida. Sin embargo, como niña de cuatro años, casi cinco, en aquellos momentos estaba aprendiendo activamente lo que estaba bien y mal en mi vida humana, así que tenía que plantear la pregunta imperiosa: «¿Qué les sucede a las almas que emplean su libre albedrío para hacer cosas malas?».

Los ángeles me mostraron una escena de personas a las que se saludaba en el más allá con aplausos, aceptación y amor después de su vida humana. Vi a los ángeles exclamar: «¡Buen trabajo, has sido muy valiente!». En ese momento no había ningún juicio, fuera cual fuese la forma en la que hubieran muerto o lo que hubieran hecho en este planeta. Se les alababa simplemente por haber tenido el valor de venir a un cuerpo físico.

—Entonces, ¿a la gente mala no le pasa *nada*?

Aunque todavía no era consciente de que los abusos a los que me estaban sometiendo eran algo malo, sí entendía que en el mundo había gente perversa. Tenía también un concepto del cielo y el infierno, cortesía de mi educación católica, así que esta aceptación pura no me resultaba lógica.

—No hay almas malas, Susie, porque todas pertenecen al plano del Espíritu. Sin embargo, sí hay seres humanos dañados y rotos, y estos toman decisiones imperfectas, poco saludables y, en ocasiones, *malvadas*. Acogemos a aquellos que se han esforzado por tomar decisiones sanas durante su vida, pero ellos tienen que afrontar el daño que han causado en su viaje. Una regla de oro del mundo espiritual es esta: lo que des a los demás es lo que experimentarás.

»Llevamos a esas almas a un lugar de curación, parecido a lo que los seres humanos llaman un hospital. Las ayudamos a traer luz a la oscuridad que han creado para sí mismas y para otros mientras estaban en el planeta. Revisan y experimentan lo que han hecho sentir a los demás en su viaje humano más reciente. No es un castigo, sino una forma de comprometerse a tomar mejores decisiones en su siguiente vida.

¡El mal está en la mente del hombre, no en el alma de los espíritus! En aquel momento me pareció algo duro de aceptar, pero, a medida que me fui volviendo más consciente en términos espirituales, me di cuenta del valor de la sanación por encima del castigo. Ahora rezo por la sanación de todos para que no haya más víctimas de las horribles atrocidades que pueden sucedernos y nos suceden.

Los ángeles continuaron diciendo:

—Una vez rejuvenecidas, les permitimos regresar a los grupos de almas a los que pertenecen, y luego vuelven a intentarlo…

¿Grupos de almas? En el momento en que empecé a formar la pregunta en mi alma, ¡allá que fuimos!

MOMENTO DE INTEGRACIÓN
Desafíos, decisiones, cambios

Al igual que las semillas, podemos crecer cuando nos plantan en la tierra oscura. Nuestros caminos más tenebrosos pueden convertirse en nuestros mayores activos; pero *es una* decisión que debemos tomar nosotros. Elegir de manera consciente es fundamental, porque es el factor más importante en nuestro paso por la tierra. A medida que vamos avanzando en la vida, es importante que reflexionemos sobre las decisiones que tomamos y que vigilemos nuestro crecimiento. Te animo a que elijas una de las siguientes propuestas y reflexiones sobre las lecciones de este capítulo.

- Describe un momento en el que te resististe ante un obstáculo que se interponía en tu camino e intentaste atravesarlo por la fuerza. ¿Cuál fue el resultado?
- Describe un momento en el que aceptaste un obstáculo en tu camino y decidiste cambiar de dirección. ¿Cuál fue el resultado?
- Los ángeles me dijeron: «Aquello de lo que escapas te persigue, y lo que intentas controlar te controla a ti». ¿De qué estás escapando? ¿Qué estás intentando controlar?
- ¿Dirías que, hasta ahora, has elegido amargarte o hacerte mejor?
- Muchos de nosotros hemos tenido experiencias con personas consideradas moralmente reprobables, ya sea de manera directa o desde la distancia. Sin embargo, los ángeles me dijeron que ningún alma es malvada por naturaleza. ¿Qué sentimientos te despierta esto?

Ejercicios del capítulo

En el nivel del alma, no hay castigo para nuestros errores humanos. Puede resultar muy desagradable saber que alguien que te ha hecho daño a ti o a tus seres queridos tiene «pase libre», pero eso no es así. Después de todo, ¿cuál sería el objetivo último del castigo? Mediante la sanación y la capacidad de tomar otras decisiones en pro de nuestro mayor bien, rompemos el ciclo del daño.

- Haz una lista de las personas a las que has perjudicado. No se trata de que te castigues a ti mismo, sino de que puedas sanarte y reflexionar.
- Considera lo que sucedió en cada situación. ¿Qué heridas tenías tú mismo? ¿Qué te llevó a tomar esas decisiones poco saludables?
- ¿Has reparado los daños? Hazlo si puedes, a menos que eso te provoque algún mal a ti o a otros. En ese caso, una reparación silenciosa o en tu modo de actuar podría ser una posibilidad, como escribir una carta que no vas a mandar o vivir de una forma que evite repetir esas conductas que provocaron los daños.

Los ángeles dicen que los seres humanos lesionados y rotos toman decisiones imperfectas, poco saludables y, en ocasiones, malvadas. Por eso tu propia sanación y cuidado es tan importante. Si te abandonas, seguirás haciendo daño a los demás incluso cuando intentes ayudar.

El primer paso para la sanación es la conciencia de uno mismo. Para comprenderte mejor, termina estas frases:

- Soy la mejor versión de mí cuando…
- Me enfado cuando…
- Soy más feliz cuando…
- Me siento más abierto cuando…
- Tengo miedo cuando…
- Una de las lecciones más importantes que he aprendido es…

- Me cierro cuando...
- Uno de mis recuerdos favoritos es...
- Las decisiones más difíciles que tuve que tomar fueron...
- Me siento inferior cuando...
- Puedo ser yo mismo solo cuando...
- Puedo perdonarme a mí mismo cuando...
- Puedo perdonar a los demás cuando...
- Quiero...
- Quiero cambiar estas cinco cosas de mí...
- Quiero comprender...
- Voy a sanar...
- Quiero estar más abierto a...
- Quiero cambiar mi forma de pensar en estos aspectos...
- Admiro a las personas que...
- Me siento suficiente cuando...
- Cuando otros hacen cosas malas o inaceptables, deberían...
- Hoy estoy tomando mejores decisiones...

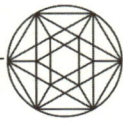

CAPÍTULO 4

Crear nuestros contratos del alma

¿**A**LGUNA VEZ HAS TENIDO la sensación de que, sin saberlo, te habías inscrito en un doctorado en penalidades? O quizá te suceda todo lo contrario y hayas tenido un trayecto vital relativamente suave en comparación con la mayor parte de las personas que conoces. Tanto si crees que te apuntaste a una experiencia terrenal fácil como si consideras que lo hiciste a la clase magistral extrema, *así fue*.

Como ya vimos en el capítulo anterior, las decisiones que tomamos desde nuestro libre albedrío y el crecimiento que surge de ellas son el objetivo de nuestras encarnaciones humanas. De todas formas, la siguiente parte de mi recorrido por el más allá me enseñó que nuestro libre albedrío no tiene nada que ver con el tiempo que pasamos como humanos. Sí se corresponde con el que dedicamos a *planificar* nuestra vida humana cuando estamos en el otro lado.

Aunque no todos los detalles de nuestra existencia están organizados con antelación —porque ¿qué sentido tendría?—, *sí* decidimos las lecciones generales que queremos experimentar, así como el nivel de dificultad, según la fase de crecimiento en la que se encuentre nuestra alma en ese momento.

Sería algo así como apuntarse en la universidad a las clases que quieres, pero cada decisión que tomes a lo largo del semestre influirá en los resultados finales.

LA SALA DEL CONOCIMIENTO

Cuando los ángeles y yo abandonamos el Camino de Baldosas Amarillas, me encontré en una habitación enorme, como un inmenso pasillo que se expandía de manera infinita a través del tiempo. Tenía un principio, pero, aparentemente, ningún final. Flotaban cristales por todas partes y yo percibí una vibración alta de energía que fluía a mi alrededor. Había muchas almas, que llenaban el espacio con una charla animada mientras repasaban y analizaban un despliegue de libros de recuerdos que parecían holografías. Las almas parecían transparentes, casi como si pudieras ver a través de ellas, pero no dejaban de ser tridimensionales. Todo lo que había en aquella habitación parecía destellar, flotar y vibrar, y mi joven yo se sintió encantado.

—¿Qué es *este* lugar? —pregunté.

—Esta, Susie, es la Sala del Conocimiento, donde las almas toman decisiones para su mayor crecimiento en la siguiente encarnación.

Más tarde, en el transcurso de mi vida y de mi camino espiritual, conocí lo que muchos denominan registros akáshicos. Aunque sigo sin identificarme con esa terminología, es el mismo concepto que yo experimenté: una sala llena de todos los detalles de nuestras múltiples vidas, pasadas, presentes y futuras.

Mientras observaba aquella habitación con asombro infantil, se me iba descargando información en mi yo de niña para que la entendiera en el futuro. Los ángeles me mostraron que, tras la muerte física, después de que nos den la bienvenida y nos feliciten por el camino tan valiente que hemos recorrido, experimentamos una revisión de la vida. Se nos muestran las lecciones a través de unos libros de recuerdos virtuales que incluyen las circunstancias oscuras y difíciles que hemos encontrado. Nuestros ángeles amorosos nos consultan sobre el viaje y nos ayudan a entender que todo lo que nos sucede, incluso lo aparentemente negativo, tiene un significado profundo para nuestra alma y para las demás.

Cada recuerdo que salta del libro posee un sentido muy hondo para nuestra alma. Para que entendamos de forma más clara las situaciones que podríamos haber manejado mejor, experimentamos estos recuerdos a través de la perspectiva de otras personas, como si entráramos en su cuerpo emocional. Nos *sentimos* tal y como hicimos que se sintieran ellas, no como castigo, sino como una oportunidad de aprender de nuestros errores y aportar información al currículo que elegimos para nuestra siguiente vida.

Echando la vista atrás, creo que nuestro yo superior omnisciente extrae esos recuerdos para ayudarnos a planificar la siguiente fase del crecimiento de nuestra alma. Este yo superior es un aspecto elevado de nuestra conciencia que encarna una sabiduría mayor, una conexión con nuestra verdadera naturaleza y una iluminación espiritual en el más allá. Es la parte de nuestra alma que se queda para guiarnos, mientras el resto pasa al plano humano.

Cuando reconocemos la lección concreta sobre la que nos gustaría mejorar, ese deseo entra en el contrato de nuestra alma para la siguiente encarnación (nos «enrolan» automáticamente, por así decirlo). Supongamos, por ejemplo, que en su encarnación más reciente una persona decidió poner fin a su vida. Durante el proceso de revisión, puede buscar un conocimiento más profundo de cómo afectó su decisión a los demás. Luego, en su nuevo contrato del alma para la siguiente encarnación, puede elegir tener una experiencia en la que alguna persona cercana se suicide. No conocerá los detalles más precisos de quién va a hacerlo o cómo va a actuar con ese sentimiento, pero la lección general *sí* se experimentará de un modo u otro en la siguiente vida.

Los contratos de nuestra alma incluyen vivencias complicadas que elegimos de manera consciente para así poder experimentar todas las facetas de una situación, comprender las lecciones en su totalidad y desarrollar compasión de forma directa y de primera mano. Ese es el verdadero sentido del karma, que no tiene nada que ver con la retribución y sí con la educación. No es un castigo de alguna fuerza enjuiciadora exterior, sino un medio para la evolución del alma. No implica culpabilidad ni vergüenza, sino solo amor y sanación.

—¿Estás segura? —oí que le decía telepáticamente un guía a un alma que estaba planificando activamente su siguiente encarnación—. ¿Estás segura de que puedes atravesar *todo* ese dolor en una vida?

—Sí, creo que puedo hacerlo —respondió esta—. Ya he tenido muchas vidas y estoy segura de que mi alma puede conseguir esto para mi mayor crecimiento. Tiene el deseo de aprender *estas* lecciones ahora…

—¿Estás segura, querida? Quizá sea demasiado todo de una vez y debas reconsiderar…

—¡No, puedo hacerlo! —dijo el alma con decisión, resuelta aparentemente a recibir ese doctorado en penalidades que he mencionado.

Me resultó interesante que el guía estuviera desaconsejando un camino tan complicado. Al percibir mi curiosidad, los ángeles me explicaron:

—Lo desaconsejamos porque no queremos que esta alma se sienta tan abrumada que abandone. No queremos que la vida se vuelva demasiado frustrante, porque la persona puede llegar a sentir que no tiene otra elección más que abandonar su viaje humano y las lecciones que ha elegido aprender. Sin embargo, las almas son las que tienen la última palabra a la hora de trazar su camino.

Hoy en día, tengo relativamente claro que una conversación disuasiva similar se produjo entre mis guías espirituales y yo. A veces pienso: «Si hubiera escuchado, la vida habría tenido menos penalidades y posiblemente habría sido un poco más agradable». De todas formas, como muchos de nosotros, soy decidida y, por tanto, elegí el doctorado.

LOS TIPOS DE CONTRATOS DEL ALMA

Hay dos tipos de contratos que nos ayudan a alcanzar los objetivos de crecimiento espiritual del alma: los kármicos y los dhármicos.

Ambos son los acuerdos que establece tu alma antes de venir para llevar a cabo las intenciones de tu viaje actual. El karma significa el equilibrio y la resolución de dificultades como el miedo, la traición, el daño y demás. A medida que evolucionamos, vamos cometiendo errores cuando empleamos nuestro libre albedrío para tomar decisiones, y los contratos del alma kármicos nos ofrecen la oportunidad de crecer y aprender. Es posible que tu integridad superior no haya tomado parte en estas decisiones y, por tanto, hayas elegido regresar a esta dimensión y resolver el «malentendido» para tu alma.

Los contratos dhármicos son más positivos y suaves. Se cree que el dharma es cualquier lección que está más allá de la prevista para el alma en esta vida. Se relaciona menos con el alma individual y más con elevar la frecuencia del planeta.

Ayuda a aumentar la conciencia colectiva y la individual del alma de una sola vez.

ALMAS NUEVAS Y VIEJAS

¿Alguna vez te han dicho que eres un «alma vieja» o conoces a alguien que irradia esa energía? Este concepto existe, efectivamente, en el plano espiritual. Un alma vieja, también denominada avanzada, es alguien que ha tenido muchas vidas. Una nueva, por su parte, es alguien que acaba de empezar a experimentar este planeta o, al menos, que no ha estado aquí a menudo.

Pero que quede claro: ser un alma vieja no equivale necesariamente a ser sabio, y ser un alma nueva no implica falta de conocimiento. Yo personalmente he conocido individuos considerados almas viejas que tomaban decisiones equivocadas o tenían dificultades con el crecimiento, igual que he visto a otros considerados almas nuevas que mostraban una gran sabiduría y crecimiento personal. Con independencia de la profundidad de su evolución, «las almas siempre son y siempre serán».

Durante uno de mis cursos de formación como médium, la profesora nos explicó que las almas nuevas establecen contratos del alma con muchas experiencias intensas —como pobreza extrema, traumas, pérdidas o discapacidad— para crecer a un ritmo rápido. Aunque aquello no me resultaba del todo lógico, escuché con mucha atención. Sin embargo, a medida que seguía hablando, el Espíritu empezó a agitarse en mi interior infundiéndome conocimiento. «Levanta la mano, levanta la mano, coge el micro», le oía decir una y otra vez.

Al ser relativamente nueva en aquella clase, mis pensamientos eran: «No, no, no. ¿Estás de broma?». ¡Interrumpir a una profesora de prestigio en mitad de una charla era lo último que se me pasaría por la cabeza!

Pero el Espíritu no se rendía y cada vez sonaba más fuerte en mi mente: «¡Coge el micro, coge el micro!».

A regañadientes, levanté la mano y pedí la palabra.

—En realidad, es al revés —dije. Y entonces el Espíritu empezó a descargarme información—. La mayoría de las almas nuevas no serían capaces de afrontar el intenso dolor asociado con ese tipo de vida. Les costaría demasiado y abandonarían su viaje humano. Esos caminos difíciles son para las almas más avanzadas. Eligen encarnarse en esas circunstancias en favor del crecimiento de su alma y la mayor expansión del bien.

Para los budistas, este tipo de almas avanzadas son los bodhisattvas. Cuando al fin alcanzan la iluminación plena para ellos, eligen renunciar a la eternidad en el nirvana y continúan regresando al plano humano para ayudarnos e inspirarnos a los demás en nuestro periplo. De hecho, las almas avanzadas regresan a la tierra con diversas formas para recordarnos nuestra esencia. A veces los denominamos «ángeles terrenales», y pueden ser extraños que al pasar dicen algo que agita nuestra alma o cuya presencia provoca más compasión o inspiración en nosotros. Sean como fueren, las interacciones con estas personas tienen algo de divino…, y lo son. Necesitamos estos recordatorios positivos del alma en nuestro camino.

Como seres humanos, a menudo nos dejamos llevar por nuestra mente egocéntrica y tendemos a mostrar falta de gratitud y a centrarnos demasiado en nuestro propio yo. Sin embargo, cuando vemos a otra persona en una situación difícil, damos salida a la compasión y a la humildad, y nuestro amor se impone. Las almas viejas vienen para estimular esas características espirituales en nuestro interior y nos ayudan a alinearnos con los caminos superiores que elegimos para nuestro crecimiento. De este modo, ellas a su vez se alinean con la evolución de su propia alma.

Cuando el Espíritu acabó de hablar a través de mí, la realidad se impuso. Yo estaba nerviosa por lo que podría decir la instructora, pero, ante mi sorpresa, anunció gentilmente a la clase:

—Susan, lo que acaba de salir de tu boca ha sido oro.

GRUPOS DE ALMAS

Sobre los ángeles terrenales quiero contarte una experiencia muy potente que tuve hace muchos años. Un día, mientras mi madre y yo salíamos de la residencia asistida en la que ella vivía, observé a una mujer. Tendría unos ochenta y tantos años y caminaba por el pasillo con su marido. Cruzamos nuestras miradas y, en ese instante, mi alma se sintió atraída hacia ella como si fuera un imán.

—¡Dios mío, te he echado de menos! ¡Te he echado muchísimo de menos! —le dije caminando deprisa hacia ella.

—¡Santo cielo! —respondió—. ¡Te conozco, y yo también te he echado de menos!

Nos abrazamos y rompimos a llorar mientras compartíamos nuestras almas y hablábamos en voz alta de lo mucho que nos habíamos extrañado la una a la otra. Fue algo abrumador, hermoso y extraño. Recuerdo que mi madre y el marido de la mujer nos miraban confusos e incómodos. Lloré cuando nos despedimos, profundamente destrozada por tener que dejarla, y ella se sintió igual.

La conexión fue fortísima; nunca había experimentado nada semejante. Tenía la sensación de que mi alma la conocía, que ella formaba parte de mí. Viví una experiencia y una conexión del alma extraordinarias. Soy incapaz de expresarlo con palabras. No creo que el término *compañera del alma* consiga describir la situación; iba mucho más allá. Me sentí amada pero confusa y sola, todo al mismo tiempo. Quienquiera que *fuese* realmente aquella mujer, el vínculo era tan increíblemente intenso que llegué a sentirla como un reflejo de mi alma, y desde ese día la he echado terriblemente de menos.

¿Alguna vez te has encontrado con alguien por primera vez pero has sentido en lo más profundo de tu ser que lo conocías desde muchísimo antes? Bueno, en esas situaciones que agitan el alma es realmente muy probable que *sí* lo conozcas —quizá desde siempre— y forme parte de tu grupo de almas.

En la Sala del Conocimiento vi almas a punto de encarnarse que estaban recibiendo orientación de ángeles y de los miembros de su grupo. Me enteré de que esos conjuntos habían decidido hace mucho tiempo aprender sus lecciones espirituales entre ellos mediante reencarnaciones en la tierra. Observé muchas de estas familias del alma haciendo planes intrincados de vida, y estaba claro que lo habían hecho infinitas veces más. Decían cosas así: «En esta vida, voy a aprender esto, y tú esto otro, y yo entraré en tu vida en este momento concreto». Si uno de los miembros de nuestro grupo de almas quiere tomarse un descanso del plano terrenal, servirá a su equipo espiritual como guía.

Cuando te conectas con una persona muchas veces a lo largo de tu vida, debes saber que no es una coincidencia. Son conexiones kármicas que contrataste en la Sala del Conocimiento para el crecimiento de tu alma. El propósito es aprender algo acerca de ti y que el otro haga lo mismo.

De repente, empecé a ver que estos grupos de almas se iban de la sala.

—¿Qué les ha pasado? ¿Dónde se han ido? —pregunté.

—Se han ido a la Estación de Espera —me explicaron los ángeles—. Y ha llegado el momento de que tú también vayas para allá, Susie.

CRECIMIENTO DEL ALMA

Mientras estuve en la Sala del Conocimiento, no me contaron los detalles de los contratos de mi alma, aunque sí me dijeron que regresar a mi cuerpo significaba que iba a tener una vida más complicada, pero también que iba a merecer la pena. Serviría tanto para hacer crecer mi alma como para ayudar a otros a hacer crecer la suya.

Y tenían razón. El regreso a mi vida humana me estaba condenando a años de trauma. Sin embargo, la Sala del Conocimiento me ayudó a poner en contexto mis experiencias «dolorosas» y tuve claro *por qué* había elegido diversos desafíos en mis encarnaciones humanas. He aprendido que mi dolor profundo alentaba la sanación y el crecimiento necesarios que, en último término, me permitían servir a otros tal y como lo hago ahora.

Tomemos, por ejemplo, mi aflicción por no poder experimentar el embarazo y parto de un bebé. Vivir la experiencia del parto había sido siempre lo que más deseaba en esta vida. Me sometí a cinco intervenciones quirúrgicas, además de a tres intentos de fecundación in vitro (FIV), para intentar concebir, pero no lo conseguí. Tenía la sensación de que mi cuerpo me había traicionado. Fue una de las pérdidas más profundas de mi vida, ¡y en los muchos años que llevo aquí, ya he vivido *un montón* de ellas! No dejaba de pensar por qué quería esto mi alma, por qué había decidido afrontar esta situación. Incluso años más tarde, después de crear a través de la adopción la hermosa familia que tengo, mi incapacidad para llegar a sentir en algún momento un bebé moviéndose en el interior de mi cuerpo ha seguido constituyendo para mí una fuente de decepción muy importante.

De todas formas, ahora sé que sin duda estuve de acuerdo en establecer este contrato, porque, cuando mi padre murió, su espíritu vino a mí y me llevó de nuevo a la Habitación de los Deseos del Corazón. Después de la visita, al regresar a mi cuerpo físico, le oí decirme una y otra vez: «El deseo de tu corazón, el deseo de tu corazón, el deseo de tu corazón...».

Estaba tumbada en la cama, con sus palabras sonando en mi cabeza, cuando de repente empecé a experimentar las sensaciones físicas del parto. No era como un sueño, puesto que lo noté de una manera profunda. Percibí movimiento en el estómago y todas las demás sensaciones. Cuando la dolorosa experiencia terminó, me levanté apretándome el estómago, sudando y sollozando. Y, de repente, todo terminó. La experiencia se pasó tan rápido como había llegado.

«Este ha sido mi regalo para ti». Mi padre sabía que el mayor deseo de mi corazón era vivir el parto y por eso me entregó este hermoso obsequio desde su alma.

Muchos años después de mi primera visita a la Habitación de los Deseos del Corazón, mi padre me recordó la lección que había aprendido entonces, que lo que más anhelamos no es siempre lo mejor para el crecimiento de nuestra alma. Al mismo tiempo, me entregó una simulación de mi máximo deseo y creó para mí una sanación al nivel del alma que yo ni siquiera era consciente de seguir necesitando. En último término, eso me permitió liberar el dolor inconsciente que *todavía* seguía agitándose profundamente dentro de mi corazón. Ahora sabía que mi dolor tenía un potente significado espiritual en mi vida. Esta «limitación» contractual pavimentaba el camino para la increíble experiencia que mi alma estaba destinada a tener en esta vida: adoptar a dos niños y ser tutora de un tercero.

Un día, no mucho después de recibir la triste noticia de que no iba a poder tener hijos biológicos, una llamada telefónica animó mi corazón destrozado. Una niñita estaba a punto de nacer y sus padres biológicos querían ayudarnos a crear nuestra familia. El regalo de esta noticia fue como un cálido abrazo para mi alma.

Cuando llegó nuestra hija, entré en la unidad de neonatología del hospital, donde había al menos treinta bebés más. Sin dudarlo ni un momento, caminé derecha a su cunita. Podía sentir su energía que me llamaba, reconocí su alma y supe que estaba destinada a ser mía. En el momento en que la enfermera dijo «Enhorabuena, mamá», empezarón a rodar por mi rostro lágrimas de pura alegría. Al fin tuve la sensación de que todo iba bien en mi mundo.

Años más tarde, tras muchas adopciones fallidas, seguía anhelando aumentar nuestra familia. Aguardé con esperanza y amor la llegada de otro bebé precioso. Estaba tardando mucho y temí que nunca llegara. Lo único que quería era otro bebé al que amar; no, mi alma *necesitaba* otro bebé.

Un día, mientras iba en mi coche llorando por aquel fracaso tremendo, oí de repente a mi futura hija, tan fuerte como si estuviese en el coche conmigo:

—No llores, mamá. Estoy yendo hacia ti. Todavía no he nacido, pero estaré ahí en dos semanas.

Lo escuché con una claridad enorme; impregnó toda mi esencia y, todavía hoy, sigue produciéndome ese mismo sentimiento profundo. El mensaje era potentísimo y supe que también era real. Aquel era mi bebé; mi familia del alma.

Una semana y unos días más tarde, recibimos una llamada sobre un bebé que iba a nacer muy pronto. ¡Dos semanas después de oírla en el coche, mi hija estaba en mis brazos!

Ahora sé que mis hijos adoptivos habían hecho el contrato de estar conmigo. Yo debía ser su mamá, cuidarlos y amarlos en este planeta; estaban destinados a ser mis hijos. De todas formas, mi cuerpo no podía albergarlos en esta vida, así que tuvieron que encontrar otro camino para llegar a mí. La incapacidad para concebir fue la mayor pena de mi vida, pero también me trajo los mayores regalos, y no cambiaría esto por nada del mundo.

Hoy en día, trabajo con muchas personas atascadas en el intenso dolor que les provoca su incapacidad para traer hijos al mundo. Gracias a la sanación de mi alma y mi experiencia personal con este asunto, puedo ofrecerles una compasión sincera, inspiración y comprensión de este aspecto tan difícil de su camino.

Nuestra compasión florece de verdad cuando conocemos directamente algo, y de eso es de lo que tratan las lecciones de vida que nuestra alma estableció en el contrato. Lo sabemos mientras nos preparamos para nuestro siguiente camino de vida en la Sala del Conocimiento, pero en la Estación de Espera a la que estaba a punto de ser conducida es donde empezamos el proceso de cambiar el *conocimiento* de que disponemos en el mundo espiritual por la *experiencia* de primera mano de ese conocimiento en el mundo humano.

MOMENTO DE INTEGRACIÓN
Revisar tus contratos del alma

Si alguna vez has tenido la sensación de que conocías a alguien, algo o algún lugar, lo más probable es que estuvieras recordando algún aspecto de los contratos de tu alma. Estos recuerdos son imposibles de ignorar, aunque parezcan tener muy poca lógica humana. Elige cualquiera de las siguientes propuestas para intentar conectarte de nuevo con los contratos del alma que hiciste antes de llegar a tu vida actual.

- ¿Alguna vez tienes la sensación de que planificaste o contrataste algo en tu vida antes de encarnarte aquí? ¿Qué lección crees que debías aprender de ello?
- Si tuvieras que describir el tema de todas las lecciones que has aprendido en tu vida hasta ahora, ¿cuál sería?
- Basándote en la descripción de este capítulo, ¿te consideras un alma nueva, antigua o intermedia? ¿Por qué te sientes así?
- ¿A quién conoces y tienes la sensación de que indudablemente forma parte de tu familia del alma y por qué?
- Es famosa la afirmación de Maya Angelou: «La gente olvidará lo que dijiste y lo que hiciste, pero nunca cómo les hiciste sentir». El proceso de revisión de la vida parece confirmarlo. Si tuvieras que imaginar ahora este proceso, ¿cómo crees que has hecho sentirse a la gente en el transcurso de tu vida?

Ejercicios del capítulo

El propósito de los contratos del alma es que puedas rendir cuentas de las decisiones de tu alma antes de venir a este plano de existencia. Nos encarnamos en este mundo y en esta conciencia para llevar a cabo las misiones que debemos realizar para expandir el alma, lo que, a su vez, nos ayuda a conseguir un nivel más elevado de crecimiento de ella y a hacer *evolucionar* su conciencia. Como consecuencia de nuestras decisiones, podemos aportar felicidad o sufrimiento. Los ci-

clos kármicos son patrones o situaciones repetitivas provoca-
das por nuestras acciones y elecciones.

- ¿Cuáles son algunos de tus patrones y ciclos kármicos?
- ¿Qué aspectos de tu vida son tan repetitivos que, cada vez que piensas «Esto ya se ha terminado», mira por dónde, vuelves a encontrarlos?
- ¿Qué karma positivo han creado tus decisiones? Escribe todos los casos que puedas.
- ¿Qué karma negativo han creado tus decisiones? Escribe todos los casos que puedas.
- ¿Cuándo has sentido la necesidad de limpiar algo en tu vida y has ignorado ese sentimiento?

Recuerda las conexiones kármicas que contrataste en la Sala del Conocimiento para tu crecimiento personal. Cada vez que te conectas con una persona de tu grupo de almas, el objetivo es aprender y crecer en ese nivel a partir de estos encuentros.

- Haz una lista de las conexiones kármicas que crees haber contratado y que han sido difíciles para tu alma.
- Haz una lista de las conexiones kármicas que crees haber contratado para aportar felicidad y paz a tu camino.
- ¿Cómo puedes sanar estos patrones repetitivos?
  - o ¿Te has perdonado a ti mismo?
  - o ¿Te has liberado de la ira o el resentimiento?
  - o ¿Tienes miedo?
  - o ¿Eres consciente de tus acciones, palabras y pensamientos?

Una vida dhármica supone conocer que tienes un propósito superior, que consiste en ser espiritualmente consciente de

tu forma de vivir. Su objetivo es cumplir tu potencial divino y crear de manera consciente situaciones que te ayuden a avanzar hacia él.

- ¿De qué maneras estás cumpliendo tus contratos dhármicos?
- ¿Cómo ayudas a los demás y al conjunto de la conciencia?
- Haz una lista de aspectos en los que tu camino ha inspirado y ayudado a sanar o ha apoyado a otras personas.
- ¿Cuál te dice tu corazón que es tu verdadero propósito?

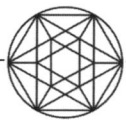

CAPÍTULO 5

Entre los «muertos»

Casi todos los relatos de la creación sugieren que el agua es el origen de la vida. Es algo difícil de rebatir cuando consideras que la mayor parte de los seres vivos albergan una gran cantidad de este elemento en su cuerpo, que la necesitamos no solo para funcionar, sino también para sobrevivir y que, tal y como te dirá cualquier científico moderno, su presencia es el requisito previo de la vida. En mi siguiente parada, la Estación de Espera, se me mostró que nuestras almas entran en el cuerpo humano a través de ella. Y así fue precisamente como yo regresé al mío.

Cuando dejé la Sala del Conocimiento, miré a mi alrededor y vi que estaba en medio de un prado enorme, sola por primera vez en esta experiencia cercana a la muerte. No tenía miedo; me senté en la hierba frondosa, cogí margaritas y observé a muchos perros felices que corrían por el campo iluminado por el sol. Cuando uno de ellos se me acercó, me di cuenta de que era un tipo distinto de animal grande y decidí que era un lobo (los conocía porque mi madre sentía un gran amor hacia ellos). Aquel en concreto se mostraba tan amable y cariñoso que yo no me sentí asustada en absoluto, sino completamente atraída hacia él. Me parecía un tipo de energía de compañero del alma, un protector. A partir de ese momento, el lobo ha sido el animal con el que me siento más vinculada en términos espirituales.

La Estación de Espera, tal y como la entiendo hoy en día, es nuestra vida entre vidas, un espacio intermedio entre la tierra y el más allá al que acuden las almas para volver a aclimatarse a ser humanas mientras esperan a nacer (o, en mi caso, a renacer) en un cuerpo. Es el lugar donde hacemos la transición desde el mundo espiritual. Aquí perdemos todos los conocimientos y la libertad que teníamos en el plano del Espíritu y, al mismo tiempo, empezamos a reaprender las leyes limitantes de la humanidad y a adaptarnos a ellas.

Mientras me relajaba en la hierba, una luz brillante llamó mi atención hacia la cumbre de una inmensa montaña situada a mi izquierda. Comprendí que se trataba de otro ser, con el que no me había encontrado antes. No veía quién era, porque su brillo increíble oscurecía todos los detalles. Aunque estos no tenían ninguna importancia; lo que destacaba era la intensidad de la luz. Era la más brillante que jamás hubiera visto. Echando la vista atrás, me doy cuenta de que habría cegado a un ser humano; era totalmente distinta a cualquier cosa que hubiera visto en la tierra.

Incluso hoy rompo a llorar cada vez que hablo de este poderoso ser de luz. Sigo sin saber quién era, pero tenía claro que era omnisciente y más amoroso que cualquiera que hubiera visto jamás. Ansiaba estar tan cerca de él como fuera posible. Anhelaba con desesperación trepar por la montaña para llegar a su lado, pero sabía que no podía hacerlo, porque era demasiado alta y empinada. Se suponía que no debía acercarme a él, sino solo verlo, percibir su poder y saber que me amaba de manera incondicional. Nunca había visto aquella luz tan hermosa y brillante hasta ese momento ni sabía por entonces lo que representaba. De todas formas, me *hizo sentir* que él era el guardián de todo lo que fue y siempre será. Aquel ser deslumbrante era absolutamente puro y seguro, y yo lo percibía como la belleza de toda alma viva envuelta en una sola.

Mientras aquella figura magnífica seguía vigilándome desde la cumbre de la montaña, observé de repente otras luces detrás de los árboles que se alzaban ante mí. Aunque no podía descifrar exactamente quiénes eran, supe que me pertenecían y me amaban muchísimo. Luego percibí, a mi derecha, una preciosa casita de piedra, con muros irisados, que sentí como un refugio de enorme cariño y paz. En cuanto la vi, un ángel de luz que todavía no conocía pareció salir flotando de ella para dirigirse hacia mí. En ese momento entendí que había llegado el momento de regresar al cuerpo.

—Es hora de irse, Susie —me confirmó el ángel de luz mientras se acercaba.

Al ponerme en pie para seguirlo, todo se desvaneció. Me cogió de la mano, me acompañó tranquilamente por la ribera de un río y me habló de mi viaje de vuelta a casa. Me explicó que el agua es el elemento que conecta lo espiritual con lo material y que todas las almas vienen a la tierra a través de ella.

—Estás a punto de volver a atravesarla. ¿Estás preparada? —me preguntó.

—No sé... —respondí confusa.

—Vas a volver con tu mamá —siguió diciéndome mientras continuábamos caminando junto al agua reluciente y cristalina—. A partir de este momento vas a pasar muchas penalidades. En ocasiones, te resultará muy doloroso, pero ayudarás a mucha gente. Tu fin es ser sanadora, Susie; ayudar a la gente a sanar su alma. —El ángel de luz hizo una breve pausa para que yo pudiera asimilarlo todo y luego me preguntó—: ¿Lo entiendes? ¿Estás dispuesta a irte ya?

—Todavía no estoy segura. —Seguía sintiéndome nerviosa. Continuamos por la orilla del río y el ángel de luz siguió hablando, contándome todo sobre la vida a la que iba a regresar y algunas cosas que iba a experimentar. Luego me dijo que mi mamá estaría esperándome cuando volviera, y yo en ningún momento de toda aquella experiencia había dejado de desear estar con ella. Poco a poco, el nerviosismo se fue disipando y comprendí que tenía que ser valiente y regresar a mi casa.

Cuando estuve preparada para irme, el ángel de luz me hizo ver a mi mamá en el plano terrenal. Desde mi perspectiva del mundo espiritual, no podía leer su mente, pero sí ver lo que estaba haciendo (limpiando la casa). *Sentí* que pronto iba a volver a estar asu lado y segura. Entonces el ángel me enseñó a comunicarme con ella telepáticamente: mi primera lección sobre la comunicación entre los espíritus y los seres humanos.

Empecé a decirle una y otra vez:

—¡Mamá, estoy en el congelador! ¡Mamá, estoy en el congelador!

Esta vez, mi madre lo oyó; según sus propias palabras, «más fuerte que un grito». No podía ignorarlo. No creo que imaginara que venía de mí, pero dejó todo y corrió al garaje a salvar a su niñita.

—Ha llegado el momento de que entres en el agua —me dijo el ángel de luz.

Me lanzó un beso y yo sentí la suave brisa de su aliento. El sol brillaba sobre mi cara y estaba rodeada de fulgor mientras el ángel me ayudaba a entrar en el río. Era como un baño templado que me lavaba la piel, como si estuviera siendo purificada en el agua. Con el paso del tiempo he llegado a asimilar el calor del conocimiento. La vida podría ser difícil, pero lo que aprendí en el más allá equipó a mi alma para que pudiera florecer en la tierra oscura.

VER ESPÍRITUS

Cuando mi mamá abrió el congelador, me encontró de espaldas hacia ella. Me dio la vuelta y me vio lívida e inerte. Con la conmoción, me dejó caer para entrar en la casa a pedir ayuda y yo me desplomé sobre el suelo del garaje y, del golpe, me abrí la barbilla. El impacto de la caída me hizo recuperar la conciencia y volví a respirar.

Cuando regresó, se sentó en el suelo, lloró y me acunó... y luego me metió en la cama. Durante mucho tiempo me pregunté por qué no me había llevado al hospital. Más tarde me contó que no lo hizo por miedo a que mi padre alcohólico se enfadara con ella por lo que me había sucedido ese día. Yo respiraba y parecía estar bien, así que creyó que no pasaba nada. Sin embargo, cuando me desperté a la mañana siguiente, se asustó pensando que mi cerebro podría haber sufrido algún daño, porque de repente yo estaba viendo y oyendo cosas tan intensas que superaban su conocimiento y sus propios dones del Espíritu.

Aunque ya había tenido experiencias de mediumnidad antes de aquel suceso que me cambió la vida, después podía ver espíritus literalmente *por todas partes* —en el pasillo, debajo de mi cama, en la esquina de mi habitación, por fuera de la ventana— y aquello me aterraba. Aunque recordaba todo sobre mi experiencia en el más allá, seguía teniendo miedo. Una cosa es estar rodeada de ángeles en el amoroso mundo espiritual y otra muy distinta estar en el mundo humano, basado en el miedo, con distintos tipos de espíritus intentando en todo momento llamar mi atención. Aunque siempre eran muy amorosos y amables, yo seguía siendo una niña pequeña con miedo al coco.

Poco después de mi regreso, recuerdo estar de pie en el umbral de mi habitación, demasiado asustada para ir al baño porque había muchos espíritus en el pasillo. Grandes grupos que me sonreían y me hablaban de manera ininteligible. No intentaban hacerme ningún daño en absoluto, pero a mi yo infantil le costaba creerlo, y la adaptación a esta nueva realidad me resultaba confusa. Para empeorar todavía más las cosas, no podía hablar de ello con mis padres. Lo intenté, por supuesto, pero muy pronto entendí que era algo totalmente prohibido.

En cierta ocasión, me desperté en mitad de la noche llorando de miedo porque los espíritus rodeaban mi cama. Mi madre entró corriendo en la habitación y me preguntó:

—¿Qué pasa, Susie?

—Mamá, tengo miedo. Toda esta gente que está en mi cuarto...; me están asustando.

—¿Quién está en el cuarto? Yo no veo a nadie.

—Hay gente por todas partes, hablándome y mirándome.

—Susie, escúchame: no tienes que hablar nunca de cosas que el resto de la gente no vea. ¿De acuerdo? Es peligroso. Aquí no hay nada ni nadie.

Asentí con la cabeza y le rogué que me dejase dormir con ella. No me permitió meterme en la cama, pero sí tumbarme en el suelo a su lado. Entonces, cuando me giré hacia la cama, ¡vi a los mismos espíritus debajo! Rápidamente me di cuenta de que no podía esconderme en ningún lado de esta realidad nueva y extraña. Cuando me asustaba demasiado, *sí* que me dejaban en paz, a menos que fuera para transmitirme algo muy importante. A veces llegaba incluso a sufrir parálisis del sueño cuando tenían que decirme algo significativo. No podía moverme ni parpadear, pero estaba plenamente consciente y escuchaba todo lo que me decían. Me contaban su historia y, como yo estaba como un bloque de hielo, no me quedaba otro remedio que escuchar. Mucho más tarde, aquello cesó cuando dejé de asustarme por su presencia.

Mi sistema de apoyo como intuitiva pequeña y sensible no era fuerte, lo que hizo que internalizara casi todo. Echando la vista atrás, comprendo el punto de vista de mi madre. Contar lo que veía la llevó a ser hospitalizada y medicada. No quería que aquello se repitiera ni que yo compartiera su destino. Mi única salvación era mi hermana, que también percibía el mundo de los espíritus y ha sido mi apoyo constante, desde la infancia hasta el día de hoy, porque sabe todo de primera mano. Cuando me di cuenta de que mi madre no me iba a ayudar en mis episodios de terror, empecé a meterme en la cama con mi hermana en mitad de la noche.

—Sissy, veo cosas que miran por la ventana —recuerdo que le dije un día.

—Yo también —me contestó.

—¿Sí? —aquello me sorprendió—. ¿Quiénes son? Tengo miedo.

—No sé quiénes son, Susie, pero sí que no vienen para hacernos daño.

En mis años de formación, siempre me consoló y me hizo sentirme segura, y aquello fue una enorme bendición.

Los espíritus fueron asustándome menos a medida que iba pasando el tiempo y llegaron a hacerse amigos míos. En la casa en la que me crie había una habitación en la que les gustaba congregarse y yo pasaba horas jugando con ellos. Podía ver con toda claridad su reflejo en el gran mirador de la ventana. Mis hermanos la llamaban la «habitación tenebrosa», pero a mí me encantaba. Me hacía sentir que tenía amigos, alguien con quien jugar y compartir mi soledad. Porque, evidentemente, era distinta de otros niños de mi edad. Era una niñita tierna y amable que quería ser amada y dar amor. Mientras los niños crecían y maduraban, yo buscaba amor y aceptación, algo que no siempre resulta fácil a esa edad. Esto continuó durante prácticamente toda mi infancia y parte de mi edad adulta.

Espíritu y vibración

Al oír que los espíritus fueron mis mejores amigos cuando regresé de la experiencia cercana a la muerte, la gente se pregunta a menudo si alguna vez les hablé de los abusos: ¿por qué pasaban, por qué no me protegían?, ¿podían hacer que pararan? La respuesta es que no, porque en realidad yo no sabía que fuera nada anormal. Como ya he dicho, era demasiado pequeña para entenderlo.

¡Por supuesto, como adulta que ha trabajado duro para superar este trauma, he mantenido algunas conversaciones duras con el Espíritu! Esto es lo que aprendí: Él no *permite* que sucedan esas cosas terribles. Pasan porque el mal está en la mente del hombre. Por mucho que nuestro equipo espiritual quiera ayudarnos en este tipo de situaciones terribles, no puede interferir con nuestro libre albedrío, incluso en casos de personas con malas intenciones. Sí intentan enviarnos mensajes y avisos, pero por lo general nuestra vibración es demasiado baja para percibirlos. Y si los captamos, tendemos a ignorarlos o no los entendemos. La conexión de los niños con el mundo de los espíritus sigue estando prácticamente intacta, y por eso a menudo oyen mensajes, pero no son capaces de entenderlos del todo.

Es por eso por lo que me apasiona transmitir la importancia de elevar nuestras vibraciones mientras estamos en este planeta. Por defecto, los seres humanos vibran en una frecuencia extremadamente baja. Es como si fuésemos perezosos energéticos; por muy amorosos, capaces y preciosos que sean estos animales, los perezosos, no dejan de moverse extremadamente despacio. Los espíritus, por el contrario, son como colibríes. El perezoso podría percibir la presencia cercana de un colibrí, pero, cuando consiguiera girar la cabeza y el cuerpo para verlo, el pájaro ya se habría ido y pasado por un millón de sitios más. En esta analogía, un médium sería algo así como una mariposa: seguimos perdiéndonos muchas cosas, porque los espíritus vibran mucho más rápido que nosotros, pero estamos suficientemente sintonizados para captar algunas.

Si no trabajamos conscientemente para elevar nuestras vibraciones, permanecemos en un estado vibratorio denso, con lo que a los espíritus les cuesta mucho llegar a nosotros. Lo único que pueden hacer es esperar que les oigamos y tomemos unas decisiones mejores. El descanso, la meditación, la gratitud, la música, la risa, el baile…, todo aquello que te aporte una alegría auténtica, aumenta tu vibración.

Por tanto, debido al libre albedrío implacable de los humanos, que llega incluso hasta el punto de elegir el mal, el Espíritu y nuestros equipos espirituales no siempre pueden protegernos, aunque quieran hacerlo. Y así debe ser, porque, si nos evitaran todos los daños, ¿qué aprenderíamos? ¿Cómo iba a crecer nuestra alma? Las experiencias negativas y dolorosas tienen un propósito, pero te aseguro que nuestro libre albedrío desempeña un papel. El Espíritu nos ama y quiere ayudarnos. Ahora bien, ¿estamos escuchando?

VIVIR EN DOS MUNDOS

Cuando regresé de mi viaje por el más allá, tenía la sensación de que caminaba por dos mundos al mismo tempo. Siempre me sentía relegada, como si estuviese fuera mirando hacia dentro, intentando averiguar lo que otras personas veían y no veían, qué era «real» para todo el mundo y qué era algo que solo yo experimentaba. Era consciente del amor incondicional y la aceptación que recibía del mundo de los espíritus, pero también quería ser amada y aceptada por mis amigos y familiares. En definitiva, eso significaba que estaba vibrando en dos niveles distintos de dimensión. Al no poder controlarlo en absoluto, incapaz de discernir con precisión que era lo que los demás «veían» y «no veían», en esa época me sentía muy confusa, por decirlo de una forma suave.

Era una niña con los procesos mentales de una adulta espiritualmente conectada, y la consecuencia fue una infancia de burlas y acoso. No solo era extremadamente sensible al mundo de los espíritus, sino también muy empática con el mundo humano. Estaba siempre intentando ayudar a la gente y a los animales y tenía una conciencia profunda de las emociones y sentimientos de todo el mundo. Podía percibir la tristeza de los demás, así que me convertí de manera natural en una pequeña consejera, siempre preguntando a la gente si estaba bien y ofreciendo un oído atento. Era sensible en extremo al dolor de otros y, en consecuencia, anhelaba *de verdad* ayudarles a sentirse mejor. Percibía en mi alma que mi destino era facilitarles las cosas, pero por aquel entonces no tenía ni idea de cómo aprovechar mis dones espirituales.

A mis amigas del vecindario no les preocupaba lo más mínimo decirme que era rara. Un día, mientras estaba jugando en la «habitación tenebrosa» con unas niñas, vi a la abuela de una de ellas de pie a su lado.

—¡Tu abuela está aquí y quiere jugar! —les dije muy entusiasmada.

Pero las niñas me acusaron de maldad, porque aquella mujer había muerto hacía poco.

—Lo sé; ¡está aquí de verdad, te quiere y desea jugar con nosotras! —intenté explicar.

Se rieron de mí y me rechazaron.

Cuando le conté lo sucedido a mi madre, me contestó:

—Ya te dije que no debías hablar de ello…

Este tipo de experiencias consiguieron que cada vez me mantuviera más callada y me guardara el mundo de los espíritus para mí.

Cuando tenía unos siete años, ocurrió otro incidente. Mi madre tenía una amiga llamada Dottie que se estaba muriendo. Mis hermanos eran amigos de su hija, así que un día fuimos todos a su casa a jugar. Mi madre les dijo a mis hermanos mayores que no me permitieran ver a Dottie, porque le faltaban pocos días para fallecer. Sin embargo, cuando llegamos, lo único que me apetecía era estar con ella. Mis hermanos desobedecieron a mi madre, felices de que yo estuviera ocupada y así ellos poder jugar.

—¿Por qué estás en este cuarto, Susie? —me preguntó Dottie cuando entré.

—Voy a sentarme aquí contigo. No tengo miedo —le contesté—. Vas a estar bien. Te vas a ir muy pronto y ya no vas a sentir más dolor.

—Lo sé. Me ilusiona mucho —me respondió—. Ya he visto el otro lado y estoy preparada para estar allí.

—¿A que es precioso?

—¡Sí, es magnífico!

Al final, pasé todo el día sentada junto a su cama. A mi mente de niña aquella mujer le parecía una bruja, con su piel pálida y de color amarillo verdoso; pero no sentía ningún miedo. Prefería estar allí que en cualquier otro sitio. Dottie y yo estuvimos charlando así todo el día y le conté lo que sabía del más allá y lo apacible que era. Al final de nuestra visita, le dije que la quería. No volví a verla viva. Cuando llegué a casa esa tarde y le conté a mi madre lo que había ocurrido, ella me informó de que Dottie había estado inconsciente durante toda nuestra conversación.

Podría contar innumerables historias sobre el modo en que fui tratada cuando era pequeña como consecuencia de mis habilidades espirituales. Si he de ser honesta, no me gustaba demasiado pasar mucho tiempo en este planeta, porque me resultaba demasiado confuso y doloroso. Solo estaba aquí a medias y todavía no sabía cómo controlar o aprovechar la otra mitad conectada con el Espíritu. Pero insisto en que nuestras horas más oscuras nos tienden caminos dorados y hoy muchas madres me traen a sus hijos porque tienen la sensación de que no encajan y a veces los acosan de manera incesante. Soy una médium: ¿por qué me traen niños acosados? El Espíritu sabe que lo he experimentado y he sanado, así que en la mayoría de los casos puedo ayudarlos a superar sus traumas.

De niña, la crueldad que recibí cuando hablaba sobre el mundo espiritual me hizo enterrar mi don hasta que, mucho más tarde, llegó el día en que decidí desarrollarme como médium. Sin embargo, de manera privada no he dejado nunca de vivir en ambos mundos. Cuando tenía veintipocos años, mi cuñada, Erin, que era también una de mis amigas, desarrolló un tumor cerebral maligno y estaba preparando a su alma para hacer el tránsito. A mí me preocupaba que lo hiciera antes de que pudiera despedirme de ella una vez más. Cuando llamé al hospital para preguntar qué tal estaba, como siempre hacía a lo largo del día, me dijeron que bien y que todas sus constantes habían mejorado. Sin embargo, muy poco después de colgar, estaba sentada ante el ordenador, trabajando, cuando percibí una enorme oleada de energía que atravesaba mi cuerpo, desde la punta de los pies hasta la coronilla. Pude *sentir* realmente a Erin como si estuviera moviéndose dentro de mí. Noté cómo su alma pasaba *a través* de mi cuerpo, entraba en la mía y salía por la parte superior de mi cabeza; y, al mismo tiempo que sucedía todo esto, la oí susurrar: «Gracias; te quiero. Adiós».

Me eché a llorar, porque en ese momento supe que, a pesar de lo que me acababan de decir en el hospital, Erin se había ido. Nunca he sentido con tanta fuerza la entrada de un alma en mi cuerpo y, hasta el día de hoy, fue una de las experiencias más profundas que he vivido. Quince minutos más tarde, mi padre me llamó para que subiera.

—Ha muerto Erin —dije cuando entré en la habitación.

—Ha muerto Erin —repitió él.

VIVIR EN MI REALIDAD ANORMALMENTE NORMAL

Mi nueva forma de vivir era caminar entre los «muertos». Observarás que la palabra *muertos*, aquí y en el título del capítulo, está entrecomillada. Se debe a que no es en realidad el término correcto. *Muerto* significa 'que ya no está vivo', y, aunque es cierto que nuestro cuerpo físico queda sin vida al morir, nuestra alma espiritual florece intensamente. Este término sugiere que algo no existe, cuando, en realidad, nuestra existencia es eterna. No morimos de verdad, sino que nos limitamos a regresar a nuestro hogar espiritual para seguir viviendo de manera auténtica. Cuando regresan a ese hogar colectivo, los «muertos» que están entre nosotros siguen teniendo cosas que decir, quieren seguir aportando y ser una parte dinámica de nuestra vida. Quieren que los mantengamos vivos en nuestra cabeza y en nuestro corazón. Y cuando nosotros muramos, también querremos transmitir que estamos vivos a nuestros seres queridos que permanecen todavía en la tierra; querremos que nos sigan manteniendo vivos en su interior. Lo cierto es que la mayor vocación de nuestra alma es estar lo más viva posible.

Vivir entre los muertos vivientes era para mí una espada de doble filo. Podía ser muy hermoso y profundo, pero también dolorosamente confuso y solitario. Me sentía muy distinta, pero no sabía en qué consistía esa diferencia. Imagina que eres un pez fuera del agua, que salta sobre la tierra, y de repente alguien te echa agua encima y, durante un rato, ya no saltas. Vuelves a estar en tu elemento, aunque no del todo. Así es como me sentía yo tras regresar de mi experiencia en el más allá y la mayor parte de mi vida a partir de entonces.

Siguiendo con esta analogía, sabía que mi verdadero hogar era el agua (el mundo espiritual), pero que estaba viviendo momentáneamente en la tierra (el mundo material) mientras me echaban agua por encima para mantenerme espiritualmente viva. En un lugar en el que la mayoría creía que el mundo material es nuestro verdadero hogar, mientras estuve en el otro lado no solo aprendí que somos del agua, sino también que a partir de ese momento me lo recordarían cada día. Por eso me parecía que vivía entre los «muertos».

Caminar en dos mundos ha sido algo que me ha sucedido a lo largo de toda mi vida, pero, durante mucho tiempo, no lo entendí; *sencillamente, fue así*. Volver a adaptarme a lo «normal» con mi don «anormal» fue una de las grandes pruebas de mi vida, pero, con el paso del tiempo, me acostumbré a vivir en mi realidad «anormalmente normal», como la he denominado.

Años más tarde, tras regresar de mi experiencia en el más allá y aceptar esta capacidad como una sinergia regular entre los espíritus y yo, todos los días han estado llenos de interacciones asombrosas con ellos. He estado en restaurantes y visto a la madre difunta de alguien sentada al otro lado de la mesa, intentando captar su atención, sin que nadie más que yo lo supiera. Me he despertado en mitad de la noche con los espíritus diciéndome que fulanito había muerto y que tenían que transmitir un mensaje a alguien. He acudido a funerales y he visto literalmente a la persona a la que se estaba honrando en espíritu contemplando la ceremonia y volviéndose hacia mí para decir:

—¿A que es precioso?

Siempre me he preguntado qué tenía yo de «malo». Sabía que era diferente, pero *no* que era una médium. ¡No tenía ni idea de lo que era eso! No lo aprendí hasta mucho más tarde, cuando James Van Praagh y Lisa Williams, entre otros, me contaron que era una «verdadera médium». Solo entonces fui capaz de dar el salto de fe necesario para responder a mi vocación.

MOMENTO DE INTEGRACIÓN
Mantener vivos a los «muertos»

En este capítulo hemos visto que nuestros seres queridos difuntos están siempre a nuestro alrededor, los sintamos o no. Es algo parecido a la electricidad: el simple hecho de que no podamos verla con los ojos no significa que no esté ahí para que podamos acceder a ella en cualquier momento. También hemos visto que nuestros seres queridos quieren seguir estando vivos en nuestra cabeza y en nuestro corazón. Elige una de las siguientes propuestas para sumergirte en tu relación con el mundo espiritual:

- El agua es el elemento de conexión entre el mundo espiritual y el material. ¿Qué relación tienes con ella? ¿Cómo podrías incorporarla más en tu vida para incrementar la energía espiritual en tu mundo material?
- Haber sufrido acoso infantil me ha permitido ayudar hoy a los niños que lo padecen. ¿Hay algo que hayas superado y que podrías utilizar para ayudar a otros?
- Nuestros seres queridos difuntos quieren permanecer vivos en nuestra cabeza y en nuestro corazón. ¿Cómo has mantenido vivos a tus «muertos»?

- ¿De qué manera han intentado los espíritus comunicarse contigo, aunque en ese momento tú lo descartaras por considerarlo una tontería?
- A lo largo de tu vida, ¿has tenido alguna vez la sensación de que estabas fuera mirando hacia dentro y que no encajabas?

___

Ejercicios del capítulo

A nuestros seres queridos les gusta comunicarse con nosotros de distintas maneras. Mantener a nuestros difuntos vivos en nuestros pensamientos puede producir dolor emocional, pero nos ayuda a crear una conexión más allá del velo. La parte difícil es la de *creer* y *confiar* en que están aquí caminando entre nosotros. Ellos también tienen un velo y no son capaces de leernos la mente ni de ver cosas privadas. Tu objetivo debe ser que te oigan para que así puedan hacerlo (de todas formas, yo los veo participando en festividades siempre que tienen ocasión).

Vamos a practicar algunas formas de reconocer a nuestros seres queridos difuntos y de conectarnos con ellos:

- Lee libros sobre el más allá. Eso te ayudará a entender mejor que la muerte es simplemente una transición a otra dimensión diferente, no el final.
- Haz una lista de las distintas formas en que has seguido manteniendo una relación con tus seres queridos hablando e interactuando con ellos en tu vida. Aunque solo sea para darles los buenos días y las buenas noches.
- ¿Cómo das a tus seres queridos tiempo y oportunidades para visitarte? ¿Estás abierto a recibir mensajes?
- Prepara una hora de reunión y un espacio seguro para conectarte. Deja que tus seres queridos en espíritu se-

pan que estás abierto a ellos. Intenta reunirte en el mismo lugar siempre que conciertes una cita para estar con ellos. En mi caso, es ya tarde, por la noche, cuando estoy acostada, y en mi despacho, donde hago mis lecturas.

- Permite que las palabras que estás percibiendo pasen de la mano al papel. Escribe lo que estén canalizando a través de ti. No pienses; escribe.
- Cuando estés cenando, entabla una conversación con ellos y mira a ver qué te viene a la cabeza. La charla también les ayuda a ellos a sentir la conexión.
- Si percibes que están contigo, reconócelos. ¿De qué forma has sentido su presencia durante la jornada?
- Tráelos contigo cuando estés en la bañera, en la ducha o sencillamente paseando por la costa. Les encanta el agua; es una conexión espiritual clara y definitoria para todos los implicados. Los espíritus trabajan con energía de vibración elevada. Aumentar la tuya puede ser algo tan simple como pensar en todos los momentos alegres que pasasteis juntos, escuchar música y bailar. No permitas que el miedo te impida conectarte. Tus seres queridos están esperando para hablar contigo.
- La forma más potente que tienen de hacerlo es en sueños. Es una experiencia apacible en la que cada momento de la visita es claro y resulta tan real que sabes que están ahí contigo. Muchas veces lo hacen para mostrarte que se encuentran bien y que te quieren (en el capítulo 8 te contaré más cosas sobre las visitas en sueños). Puedes pedir a un ser querido que entre en tus sueños justo antes de disponerte a dormir. Dile que es lo que tu corazón desea. Están escuchando y harán todo lo posible por conseguirlo. Ten paciencia; necesitan tiempo para averiguar ese proceso energético.

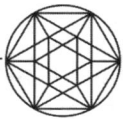

CAPÍTULO 6

Convertirse en médium

MIS DÉCADAS DE EXPERIENCIA DIRECTA con el mundo espiritual me han enseñado que, tanto si somos conscientes de ello como si no, *todos* caminamos entre espíritus. Todos y cada uno de nosotros, sin excepción. Esto se debe a que *somos* Espíritu, y percibir una conexión con el mundo espiritual invisible es solo una cuestión de estar conectado o no. Piensa en una lámpara. Si no está enchufada a la corriente eléctrica, no se enciende; pero ¿significa eso que la electricidad no exista? Aplicando esta analogía a una perspectiva espiritual, el Espíritu es la electricidad y los seres humanos, las lámparas. Todos podemos conectarnos con ese mundo. Solo tenemos que decidir (¡libre albedrío!) enchufarnos.

Con el tiempo, se me reveló que el propósito de mi vida era servir como médium, alguien que puede ver el mundo invisible y proporcionar «iluminación espiritual», por así decirlo, para conectar a la humanidad con el mundo de los espíritus. De todas formas, el camino no se completó de la noche a la mañana. Necesité mucho tiempo, dar rodeos y convencerme de que debía tener la confianza suficiente para dedicarme profesionalmente a ello (¡y te aseguro que la confianza en esta línea de trabajo es algo en lo que me ocupo a diario!). Durante toda mi adolescencia y juventud rechacé mi don de comunicación con los espíritus. Me preocupaba más intentar encajar en el mundo «real», lo que implicaba la necesidad de escapar del mundo espiritual por cualquier medio. Aunque podía acallar el ruido, descubrí que era incapaz de desconectarme *del todo*. Seguía teniendo sueños persistentes y visitas, y pasaba gran parte de mi tiempo intentando entender lo que me estaba sucediendo.

No fue hasta los diecimuchos años, al morir mi abuela, cuando empecé a tomarme más en serio estas visitas de los espíritus. Me sentía muy cercana a ella y su muerte fue la primera pérdida significativa en mi vida. Su espíritu vino a mí una noche antes de que yo supiera que se había ido, cuando estaba tumbada en la cama pero todavía muy despierta.

—He estado sola muchísimos años y nadie venía a visitarme —oí decir a alguien.

Volví la vista hacia los pies de mi cama y vi a una persona a la que no reconocí de inmediato, sentada en lo que me pareció una mecedora.

—¡Vete, vete! —canturreé. Llevaba años haciéndolo para acallar a los espíritus perpetuos. Sin embargo, mi alma reconoció en seguida su actitud familiar—. ¿Nana, eres tú?

—Sí; he venido para despedirme —me respondió—. Mañana por la mañana vas a descubrir que he abandonado tu mundo; ¡pero *no morimos*, Susie! Quiero que sepas que todavía estoy aquí. Me siento feliz y sana. Ya no estoy sola y te quiero.

Recuerdo que estaba allí tumbada pensando: «Esto ha sido real de verdad». Nunca había tenido a nadie tan cercano a mí que me visitara desde el mundo espiritual, y pude *sentirla* con absoluta claridad. Me pareció tan ligera y feliz, tan libre… No me sorprendió enterarme al día siguiente de que había fallecido la noche anterior, en el mismo momento en que vino a verme.

Tras esa visita, me sentí más confusa y sola que nunca. Había pasado muchísimos años intentando acallar ese aspecto de mí, convencerme de que simplemente era rara. Aquella visita de mi abuela significaba que ya no podía negar lo real que era todo, y me asustaba. De todas formas, decidí dejar de evitar mis «experiencias» y por fin las analicé en profundidad, ¡algo que, en aquellos días, no consistía en una simple búsqueda en Google! Tuve que encontrar un centro de parapsicología y luego reunir el coraje suficiente para llamarles. Me respondió un hombre amable al que me abrí. Le conté lo que llevaba tanto tiempo sucediéndome.

—Ya veo —contestó cuando terminé—. Bueno, me da la sensación de que eres una médium que habla con el mundo espiritual.

—¿Qué es *eso*?

—Es una persona que puede hablar con los muertos.

«¡¿Qué?!», pensé. No tenía ni idea de lo que me estaba hablando y me asusté, pero, al mismo tiempo, me emocioné. Colgué el teléfono y no se lo conté a nadie.

GUARDAR MI SECRETO

Después de la revelación que me llegó a través de aquel hombre tan amable del centro de parapsicología, empecé a leer cosas acerca de la mediumnidad. Por lo general me guardaba el secreto para mí, pero a veces se me escapaban cosas en público.

—¡Oh, estás embarazada! —le dije un día a mi vecina.

—No, no —me contestó—. Pero estoy preparándome para la *in vitro* la próxima semana.

—No. Estás embarazada de una niña.

No podía evitar decirlo. *Sabía* que era verdad porque el Espíritu estaba allí diciéndomelo. Ella me miró como si estuviera loca, pero tres días más tarde me confirmó que, efectivamente, estaba embarazada. Y después, no volvió a hablarme. Con el tiempo, me di cuenta de que era mejor guardarme para mí mis experiencias con el mundo espiritual.

Mi camino acabó llevándome a trabajar como asesora de duelo y adicciones. Me pareció una vocación natural, puesto que el propósito de mi vida era ayudar a otras personas. Sin que mis clientes lo supieran, yo podía oír, ver y sentir la presencia de sus seres queridos difuntos y percibir su energía procedente del mundo espiritual. Aunque todavía no estaba asumiendo mis capacidades como médium, empecé a compartir con mis clientes los mensajes que recibía de las almas del otro lado. De todas formas, me guardé la auténtica fuente de mis percepciones. Mis clientes empezaron a remitir a sus amigos en duelo a la asesora «especial» de adicciones. Aquello marcó el principio de mi cambio gradual desde el asesoramiento del duelo y las adicciones a la mediumnidad. A continuación, empecé a ofrecer lecturas voluntarias en grupos de duelo y hospitales para enfermos terminales.

Incluso cuando utilizaba de manera consciente mi don, me costaba todavía confiar plenamente en él. Lo que acabó convenciéndome de que era fiable fue una experiencia que tuve una tarde mientras viajaba en un atestado autobús de Las Vegas con mis amigos. En una parada brusca, me caí hacia atrás y toqué la rodilla de otro pasajero. «Dios mío —pensé—, su energía vital me resulta inusualmente baja». Entonces el Espíritu me transmitió que aquel caballero podría abandonar el planeta muy pronto. Sin embargo, cuando se lo dije a mis amigos, se irritaron.

—Estamos en Las Vegas; se supone que estamos divirtiéndonos. ¿Por qué hablas de cosas así?

«¡Anímate, Susan!» fue sin lugar a dudas el tema de mi adolescencia y juventud.

En otra ocasión, estaba en una fiesta y los participantes empezaron a discutir abiertamente sobre un caso muy notorio de una niña desaparecida que aparecía en las noticias. De repente, vi toda la historia de cómo se la había llevado su tío. Empecé a contarles a mis amigos lo que había visto, pero, una vez más, todo el mundo me recordó que estábamos en una fiesta y que debía dejar de ser tan lúgubre. Por supuesto, más tarde, cuando se resolvió el caso, me enteré de que el Espíritu me había transmitido la información correcta.

Pasó el tiempo y decidí hacer un curso con un médium famoso, James Van Praagh. El profesor se dirigió a mí entre la multitud de asistentes y me pidió que me pusiera de pie. Cuando lo hice, me preguntó si la información que había presentado en el estrado tenía sentido para mí.

—Sí, lo que está diciendo me parece lógico —respondí.

—Tienes habilidades naturales de mediumnidad; has vivido una experiencia cercana a la muerte —me dijo.

—Sí —contesté.

—Ves espíritus constantemente, ¿no es así?

—Quizá… —me sentía cohibida, expuesta y con miedo a lo que los demás pudieran pensar.

—Sé honesta —me dijo—, porque esto es algo que necesitas hacer; lo *vas a hacer* en el futuro para ayudar a otros a sanar su dolor. Espero que empieces pronto.

Un día, muchos años más tarde, por fin me sentí preparada para comprender de un modo más profundo, así que decidí asistir a un acto de la médium Lisa Williams. Había cientos de personas y, en mitad del evento, Lisa me llamó para que acudiera al pasillo central. Cuando me acerqué, habló de mi experiencia cercana a la muerte con tanto detalle que parecía que había estado allí conmigo. Yo no tenía ni idea de lo que estaba sucediendo.

Después de que las luces me enfocaran, se dirigió a la audiencia y dijo:

—Está completamente rodeada de espíritus.

Luego me miró y me explicó que mi experiencia cercana a la muerte había creado en mí fuertes habilidades y que debía estar en el escenario con ella.

Me quedé de piedra con sus palabras y las negué firmemente. Seguía sintiéndome escéptica ante mis capacidades.

—Sí, tienes que estar en un escenario como yo —insistió—. De hecho, tu padre y tus hermanos están aquí en espíritu y quieren que sepas que te van a ayudar en esto. Solo hace falta que te des a ti misma un voto de confianza. No estoy diciendo que *debas* hacer este trabajo; ¡*tienes* que hacerlo!

Lisa siguió leyéndome con mucha exactitud y precisión, y yo me sentí completamente fascinada. Cuando vi algunas de las fotos que se habían hecho aquel día, comprobé que estaba totalmente rodeada de globos de luz, tan brillantes que yo apenas resultaba visible.

Se había vuelto difícil negar el consenso, lo que James, Lisa y muchos de mis profesores habían dicho: yo era una auténtica médium. Por tanto, decidí hacer lo que me habían indicado mis familiares del otro lado: di un salto de fe.

Asumir mis habilidades como médium

Por suerte, mi familia de *aquí*, de este lado, también me apoyó totalmente en mi decisión de dar el salto a la mediumnidad profesional; ¡sí, incluso mis hijos adolescentes y mi juicioso marido! A estas alturas, ya estaban acostumbrados a que hiciera tareas de médium de manera no profesional, así que no les pareció nada extraño. Para mí, dar ese salto de fe suponía aprender a aceptarme a mí, lo que soy y lo que he venido a hacer. Y eso significaba que tenía que verlo, que verme, de frente; que tenía que sanar.

Pasé los años siguientes haciendo cursos de mediumnidad para entender mejor y desarrollar más a fondo mis capacidades. Quería aprender *cómo* sabía cosas. En el fondo, soy una intelectual, así que estudié todo lo que pude. Hice numerosos cursos con Lisa y James, entre otros profesores destacados de la época. Empecé a aprender muchísimo, no solo del funcionamiento mágico interior de la mediumnidad, sino, sobre todo, de *mí*. De *quién soy*.

Comencé con una clase básica sobre cómo conectar y desconectar los mensajes para poder controlar su llegada constante procedente de los espíritus. ¡Por fin conseguí dormir por la noche en silencio! Luego hice unos cursos avanzados de mediumnidad que consistían en practicar los mensajes que me llegaban y aprender a confiar en ellos. Y pensando en la niña desaparecida a la que pude haber ayudado años atrás, asistí también a cursos de mediumnidad forense para aprender técnicas de localización de desaparecidos.

Luego tuve el privilegio de estudiar con el apreciado doctor Raymond Moody, un psiquiatra y escritor que había acuñado el término «experiencia cercana a la muerte» en sus investigaciones. Recibí mi doctorado en Divinidad de la Escuela de Artes Místicas en la que impartía clases el doctor Moody. Siempre le había admirado, porque percibía que me iba a comprender en un nivel distinto del de las personas legas. Y resultó ser todo lo que yo había creído y más.

Es un profesor brillante y un hombre bueno y amable, del que aprendí el trasfondo filosófico y los efectos de mi don. Me enseñó que estas capacidades, entre otras, han estado presentes desde el inicio de los tiempos y que lo único que tenemos que hacer para entenderlas es estudiar filosofía. Siempre estaré agradecida por el tiempo que pasé con él.

NACIDA ASÍ

Me parece esencial transmitir la idea de que la mediumnidad no es una extensión de mí, sino que *soy* yo y siempre lo he sido. No es algo que haya querido hacer realidad, sino que *realmente* es mi vida y una parte innata de mi alma. A lo largo de estos años, mucha gente ha minimizado mis habilidades considerándolas raras, esotéricas o incluso directamente malvadas. Una frase que he oído más veces de las que podrías imaginar es: «¡Estás haciendo el trabajo del demonio!», y me duele profundamente, porque este tipo de sentimientos insultan a la esencia de mi alma. En realidad, no es lo que soy, sino *quien soy*. Juzgar o atacar a alguien basándose en quién es resulta algo fundamentalmente injusto, y así siento estas calificaciones. Todos conocemos los infames «juicios de brujas». Aunque en el mundo actual no quemamos a la gente en la hoguera, para las personas como yo sigue siendo una auténtica batalla que nos acepten por quienes somos; no por lo que hemos «elegido» ser, sino por *quienes somos*.

Está claro que las cosas están mucho mejor hoy que nunca para la gente que trabaja con el mundo del Espíritu. Esto permite que sanadores espirituales de todo tipo sean cada vez más ellos mismos. La autenticidad —no esconder ninguna parte de nosotros— es una lección importantísima para que *todos* aprendamos mientras estamos encarnados en cuerpos humanos. El Creador hizo a cada uno de nosotros para que fuera exactamente quien es, no para vivir avergonzado ocultando determinadas partes de sí mismo. Cuando enterramos alguna de nuestras facetas es cuando entra la oscuridad.

El mal está en la mente de las personas. El Espíritu no es malvado, pero la conciencia humana sí puede serlo, y no ser auténtico es un camino que nos conduce hacia ello. El Espíritu nos creó a todos únicos a propósito. Nuestra misión, mientras estamos viviendo esta experiencia humana, es atrevernos a ser lo que realmente somos.

A mí me creó así y ahora acepto que nací para servir a la humanidad a través de mi trabajo como médium. He estudiado y practicado sin cesar para hacerlo *correctamente*..., pero no a la perfección. He fortalecido el músculo espiritual que se necesita para ser una médium y he conseguido dominar la ética necesaria para manejar las partes sensibles de la vida de las personas, pero el don innato siempre estuvo ahí, desde el primer día.

Cada uno de nosotros posee un don divino natural. Ya sea algo creativo, como escribir, pintar o componer música, un dominio inherente de la ciencia, la medicina o los negocios, o cualquier tipo de rol de servicio, siempre hay algo que nos viene de forma natural a todos y que debemos aprovechar en nuestra vida. De hecho, estos dones y pasiones nos resultan tan importantes que la mayoría de nosotros nos definimos con ellos: «soy escritora», «soy médico», «soy profesora». En mi caso, el don es la capacidad de ver lo invisible, de dar sentido a lo que no lo tiene y de consolar a los que sufren recordándoles su conexión eterna con el Espíritu. Soy médium.

De todas formas, esto no asegura una capacidad constante para conectarme con la energía de una persona durante una lectura. Hay momentos en los que esta energía no está alineada o preparada, y es crucial reconocer que la experiencia profesional en cualquier campo no equivale a la perfección absoluta. Recuerda que ser médium puede resultar muy doloroso y desafiante, porque estamos intentando apoyar a los clientes en sus heridas más profundas y ayudarlos en el intenso proceso sanador del duelo.

Este capítulo se titula «Convertirse en médium», pero lo cierto es que yo no me *convertí*; *nací* siéndolo y siempre lo he sido. El contrato de mi alma fue hacer este trabajo. El camino *real* fue entender, llegar a aceptar y confiar en esa verdad. El tuyo, el mío, el de todos, es amarnos a nosotros mismos, y eso empieza con la autoaceptación. En el capítulo anterior analicé cómo el hecho de vivir en dos mundos al mismo tiempo me hacía sentirme como un pez fuera del agua, pero ¿no es cierto que *todos* nos sentimos así en esta existencia humana? ¿No nos sentimos, en determinados momentos, rechazados y desmoralizados durante el viaje de nuestra vida? ¿No tenemos la sensación de que no estamos a la altura? ¿Y no anhelamos el amor y la aceptación? El objetivo de cada camino individual es fomentar la autoaceptación y el amor profundo a uno mismo. Este es el auténtico propósito del alma y lo que ha llegado a significar para mí el proceso de «convertirme en médium».

Por dejarlo bien claro, me gustaría señalar que el propósito del alma es la misión espiritual más amplia de un individuo a lo largo de sus vidas, y estoy convencida de que para todos nosotros es la aceptación del yo y el amor a uno mismo. Por otra parte, el propósito de vida de cada persona es específico y depende de los objetivos y contribuciones de cada alma en su existencia terrenal actual. El mío es ser sanadora, y eso me llevó a ejercer como médium profesional.

Dicho esto, incluso después de comprometerme con mis estudios de desarrollo de la mediumnidad, tardé mucho tiempo en adoptar la palabra *médium*. Durante buena parte de mi vida me aterraba la posibilidad de que me rechazaran por ver espíritus; me asustaba que pudieran encerrarme como a mi madre por un brote psicótico, que me diagnosticaron esquizofrenia como a mi hermano o sencillamente que alguien, *cualquiera*, creyera que yo era malvada. Como toda mi vida he intentado agradar, me preocupaba *muchísimo* lo que los demás pensaran de mí, y por eso no tuve la confianza suficiente hasta hace dieciocho años para aceptar sin reparos el título de «médium», para aceptarme plenamente *a mí*.

Si tuviera que señalar el momento en que asumí por fin que lo era diría que fue cuando participé en un grupo de desarrollo con otros casi treinta alumnos más. Empecé a hacer una lectura a una persona y entonces algo me invadió y no pude parar: ¡le hice lecturas a casi todos los participantes! Fui de una persona a otra y a otra, y todo fluía a través de mí. Fue algo que nunca había sentido antes, porque, en aquel momento, las almas del otro lado estaban hablando a través de mí. Por fin lo *supe*. Mi trayectoria de comunicación con los espíritus había estado plagada de inseguridad, miedo y reticencia a confiar. Siempre me había cuestionado a mí misma; como ya he dicho, he sido la mayor escéptica conmigo misma. Aquella fue la primera vez que estuve segura: no era locura. Eran espíritus.

Más tarde, el profesor dijo:

—Susan, eres una médium *realmente dotada* y vas a ayudar a muchas personas con tus habilidades.

A partir de ese momento dejé de ocultar lo que era y «salí del armario» como médium, y fue la cosa más abrumadora que he hecho. Nunca olvidaré que escribí a mis amigos y familiares en Facebook: «Soy una médium; hablo con los espíritus. Lo entenderé si no te sientes cómodo con este hecho y decides no seguir siendo amigo mío». Lo publiqué y justo después empecé a sollozar con lágrimas de alivio. Por primera vez en mi vida pude respirar tranquila, porque había dejado de esconderme. Por fin me sentía libre.

LECCIONES APRENDIDAS A TRAVÉS DE LA MEDIUMNIDAD

Entiendo de verdad lo difícil que le resulta a la gente confiar en lo que no puede ver. Sin embargo, como aprendí en el
Camino de Baldosas Amarillas, eso es precisamente lo que se
supone que debemos hacer: desarrollar fe en aquello que no
podemos ver, en los espíritus; permitir que se vaya desenvol-
viendo el camino dorado que han tendido para nosotros. Por
emplear una vez más la analogía de la lámpara, es posible que
no captemos del todo lo que significa la electricidad, pero
seguimos enchufando nuestras luces para disfrutar de la iluminación que nos proporcionan. Del mismo modo, aunque
no podamos percibir el plano invisible de la energía espiritual, eso no implica que no exista o que no podamos cosechar
sus recompensas. Aprovechando esta dimensión invisible podemos enriquecer nuestra vida y potenciar nuestro bienestar.

Todos tenemos la capacidad de conectarnos personalmente
con nuestros ángeles, guías y seres queridos en espíritu. Ahora
bien, eso no significa que el propósito de cada uno sea practicar la mediumnidad de manera profesional. Todos contamos
con dones divinos específicos que nuestras almas eligieron
antes de encarnarse aquí y que nos ayudarán a crecer como
necesitamos. Pero podemos conectarnos personalmente con
nuestros equipos espirituales, y eso nos ayuda a aprender a
confiar en nuestro camino divino exclusivo.

Los médiums profesionales sirven como puentes hacia el
plano espiritual. Nuestra misión sincera es ayudarte personalmente a conectarte con él para permitirte experimentar la
verdad: que el amor trasciende a la muerte. Porque, como dijo
mi abuela y el Espíritu me ha confirmado una y otra vez, no
morimos.

Ahora bien, si no morimos, ¿qué sucede exactamente con
nosotros? Paso la mayor parte de mis días intentando ayudar

a la gente a comprender esta cuestión. A cualquiera que haya perdido a alguien cercano le preocupa lo que le ha sucedido a su ser querido: ¿adónde ha ido, si es que ha ido a alguna parte?; ¿está bien?

Aunque nuestro cuerpo físico se marchita cuando morimos, con nuestra conciencia no sucede lo mismo. La llevamos con nosotros porque forma parte de nuestra alma. El crecimiento de esta última se consigue sanando las cosas conscientes que hicimos o no hicimos en nuestras distintas vidas.

Estamos en la tierra para hacer este trabajo del alma en primera persona, pero es un error creer que ese trabajo se detiene en el otro lado. Nuestro fin es expandirnos y perfeccionar nuestra conciencia, tanto en el estado humano como en el espiritual. *Tal como es arriba, así es abajo.* Nuestras decisiones conscientes son *el camino* hacia el crecimiento del alma.

Por eso me he comprometido a «barrer mi acera», es decir, a corregir y purificar mis pensamientos y mis actos siempre que tenga oportunidad de hacerlo. Eso significa asumir la responsabilidad de mis acciones, resolver problemas personales o reparar daños para mejorar mi conducta o mi situación sin centrarme en las faltas o los problemas de los demás. Supone ser responsable de mis propios actos y conductas para favorecer la sanación y el crecimiento personal. Animo a todos aquellos con los que trabajo a «limpiar su acera» también. No siempre consigo consumar esta llamada superior, pero es necesario que aprendamos a hacerlo y, en mi caso, mi trabajo depende de ello.

Siempre sé cuándo estoy enfangada en mi propia conciencia, porque sucede lo mismo con mi conexión con el mundo espiritual y me cuesta más hacer bien mi trabajo. Sin embargo, en el instante en que me pongo a limpiar mi acera, todo lo demás se aclara y mi vínculo con el Espíritu vuelve a ser sólido. De todas formas, tanto si uno trabaja profesionalmente como médium como si no, hay un componente fundamental que todos debemos comprender: cuanto más clara esté nuestra mente, más conectados estaremos con el Espíritu. Te animo, en cualquier situación que te esté provocando aflicción, a que hagas todo lo que esté en tu mano para echar un vistazo honesto a tu responsabilidad personal, corregir los daños que hayas podido provocar y luego perdonarte a ti mismo por la parte que te corresponda.

La gente suele decir que el tiempo cura todas las heridas. Aunque es una frase reconfortante, lo que en realidad aporta la sanación es *cómo* utilizamos el tiempo. En nuestro esfuerzo por limpiar nuestra conciencia en el más allá, debemos dar prioridad a perfeccionar nuestros pensamientos y actos mientras estemos todavía en la tierra. Cuando las personas se acercan al final de su vida, la urgencia por hacer las paces se vuelve más intensa. Al embarcarnos en el viaje de la transición, nos damos cuenta de que nuestros pensamientos y actos en este mundo nos van a acompañar al siguiente. Lo mejor para todo el mundo es esforzarse en lo posible por encontrar la resolución y la paz interior. En ello consiste la auténtica sanación, un proceso de observarnos a nosotros mismos, no de señalar con el dedo a algún otro lugar.

Esto es lo que se aborda en el «trabajo con las sombras», que implica analizar aquello que llevas mucho tiempo ocultando en tu interior, las cosas a las que te cuesta mirar y con las que preferirías no tener que lidiar. Lo que te amedrenta y te sigue como si fuese una sombra. Y eso es también lo que me sucedió a mí. Llegué a un punto en mi vida en el que *tuve* que observar esas partes sombrías de mi ser que había enterrado en la autoprotección o en otra parte. Esto incluía trabajar los grandes traumas de mi vida: los abusos sexuales, el dolor por los muchos suicidios que se habían producido en mi familia y mi incapacidad para tener hijos biológicos. Con un chamán especializado en el trabajo con las sombras pude aprender a ayudarme a mí misma a sanar y a reconocer el valor de todo aquello que había vivido, incluso, y muy en especial, las partes oscuras. Esa misma sanación es lo que, en último término, me llevó de tener cualidades de mediumnidad a trabajar como médium. Si no me hubiera analizado con honestidad y sanado el trauma que había acumulado en mi vida, no podría dedicarme profesionalmente a ello. En el momento en que asumí la energía de la sanación, el propósito de mi vida empezó a abrirse ante mí como un camino dorado. A medida que seguía sanando y fomentando sanación, el camino fue ensanchándose cada vez más. Y esta experiencia transformadora es válida para todos y cada uno de nosotros.

MOMENTO DE INTEGRACIÓN
¿Cómo ves lo invisible?

Albergamos mucho más que nuestros pensamientos. Ponernos en contacto con nuestra intuición y autenticidad es clave para desarrollar nuestra conexión con el mundo invisible del Espíritu. El hecho de que alguien no sea médium profesional no implica que no pueda mantener una relación profunda con sus seres queridos y sus guías en el mundo de los espíritus. Utiliza las siguientes preguntas para explorar tu relación con lo invisible y la forma en que podrías profundizarla:

- ¿Qué percepción tenías de la mediumnidad o de un médium cuando estabas creciendo? ¿De dónde procedía esa percepción? ¿Qué piensas ahora?
- ¿Has visto alguna vez lo «invisible»? Si así fuese, ¿has hablado de ello con alguien? ¿Qué sucedió y cómo afectó a tu camino vital?

- ¿Cuáles son tus dones divinos exclusivos y qué significan para ti? ¿Hay algo que siempre hayas querido hacer porque te sientes dotado para ello y te apasiona, pero te presionaron para que te dedicaras a algo distinto? ¿Qué necesitarías para investigarlo ahora?
- ¿Qué aspectos de ti estás escondiendo y te impiden ser realmente auténtico? ¿Qué necesitarías para dar un salto de fe?
- ¿En qué sentido has «barrido ya tu acera»? ¿Qué cuestiones pendientes están enfangando en este momento tu conciencia y podrías empezar a afrontar?

Ejercicios del capítulo

Los espíritus están siempre a nuestro alrededor, lo sepamos o no. ¿Alguna vez has tenido una sensación extraña o has notado que te pasaba una sombra y no había nadie cuando te diste la vuelta para ver quién era? Cuando aprendes a utilizar tus habilidades para sentir y percibir el mundo espiritual, eres capaz de reconocer cuándo están ahí tus seres queridos u otros espíritus.

No hace falta que te conviertas en médium profesional. ¡Todo el mundo tiene habilidades! Naciste con la capacidad de utilizar los cinco sentidos, que son como músculos: cuando se ejercitan, abren el camino. El sexto es la intuición, que puede fortalecerse con la práctica y la disposición. Cuando trabajas para aprovechar tus propios dones intuitivos, el mundo, tanto visible como invisible, se transforma en un lugar mucho más grande, brillante y emocionante.

He aquí unos cuantos ejercicios que te ayudarán a abrir las vías que te conectan con el mundo de los espíritus:

- Se empiezan a construir los sentidos psíquicos practicando. Intenta adivinar lo que alguien va a decir o la siguiente canción que va a sonar. Pregúntate quién llama antes de mirar el teléfono. Son prácticas excelentes para desarrollar la intuición.

- Piensa en esos momentos en que «supiste» algo y luego se hizo realidad. Anótalos. Te ayudará a poner en marcha el proceso de confianza que necesitas para experimentar la mediumnidad. Hay una voz interior dentro de ti. ¡Hónrala! La información que te envía viene a ti en forma de susurro la mayoría de las veces, si eres capaz de confiar en esa suave voz interior.

- Busca un lugar al que puedas ir y que te resulte seguro. Invoca a tus seres queridos sin tener ninguna expectativa sobre el resultado.

- Intenta relajar la mente mientras permaneces en tu cuerpo. Se requiere práctica para conseguirlo. Puedes ser el canal cuando permites que tu mente descanse por medio de la meditación o con técnicas respiratorias. Recuerda que debes permanecer en tu cuerpo; cuanto más enraizado estés, mejor será la conexión. ¿Alguna vez has conducido de un punto A a un punto Z y no te acuerdas del trayecto? Sin embargo, llegaste bien. Esa es la sensación que nos produce la relajación de la mente.

- Trabaja para desechar tus creencias limitantes a través de afirmaciones positivas (consulta el ejercicio del capítulo 1). Debes decirte a ti mismo «todo es posible» muchas veces al día. Algunos estudios afirman que hacerlo durante 26 días puede poner en marcha el proceso para cambiar tu patrón mental de incredulidad. Cuando llegue el día 63 te habrás desecho de esas creencias.

- Anota tus reacciones cuando percibes que hay algo en la habitación y te resulta diferente. Vigila las respuestas

físicas como hormigueo en el estómago o piel de galli-
na; es posible que se te pongan los pelos de punta. Son
respuestas vibratorias más elevadas a los espíritus.

- Apúntate a un grupo de desarrollo de la intuición im-
partido por un médium cualificado.

Estas son solo algunas formas de empezar a comprender
la mediumnidad y el modo de conectarte con tus seres queridos. ¿Significa esto que te vas a convertir en médium profesional? Quizá no, pero para hablar con tus seres queridos del
otro lado debes estar dispuesto a empezar. Y recuerda que no
es algo que vaya a suceder de la noche a la mañana; es una
maratón, no un esprint.

___

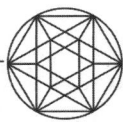

CAPÍTULO 7

Visitas

ODO DUELO ES UNA HISTORIA DE AMOR. Cuando perdemos a alguien a quien queremos, nos afligimos. Cuanto más profundo haya sido el amor, más nos dolerá su desaparición. Nadie es inmune a ello; es un magnífico elemento nivelador. Una de las mayores lecciones que he aprendido en mi vida ha sido darme cuenta de que no somos nosotros los que decidimos cuándo hemos terminado con el duelo, sino que es su intensidad la que decide cuándo ha terminado él con nosotros. En nuestra cultura acelerada y centrada en la gratificación instantánea, el duelo es una de las lecciones más dolorosas y, sin duda, exige su tiempo. Sin embargo, mis décadas de trabajo profesional con él, ya sea como asesora o como médium, me han demostrado que hay una cosa que acelera el proceso de sanación más que ninguna otra: entender de primera mano que la muerte no *acaba* una relación, sino que la *cambia*.

La muerte no es una última despedida; es un *buen viaje*. El duelo, por tanto, es el dolor de la separación *temporal*. Es muy real, profundo y a menudo insoportable, pero *no* para siempre. Todos regresaremos al hogar para volver a estar juntos;

mientras tanto, seguimos teniendo la capacidad de ponernos en contacto con nuestros seres queridos difuntos. Y, cuando entendemos mediante la comunicación directa y basada en la evidencia con el más allá que una relación con un ser querido perdura, es cuando podemos de verdad empezar el proceso de sanación.

El Windbridge Research Center estudia «el proceso de morir, la muerte y lo que viene a continuación», y sus investigaciones actuales confirman que «el duelo se ha resuelto cuando los dolientes son capaces de reconocer los vínculos que perduran con el difunto» y que «se ha demostrado que las comunicaciones después de la muerte [ADC] reducen enormemente la pena»*. Es fantástico que esta sociedad haya llegado tan lejos y nos permita hoy en día estudiar científicamente temas tabú como la muerte y el más allá, pero esto es algo que yo he sabido desde hace décadas, con independencia de la ciencia, porque lo veo a diario en mi despacho. En este capítulo voy a destacar el notable potencial de sanación que posee la comunicación espiritual compartiendo una selección de experiencias profundamente impactantes de mis clientes. Me ha costado bastante elegir los ejemplos más convincentes, dada la abundancia de historias potentes que he conocido. Aunque entenderme y aceptarme a mí misma como médium ha sido un camino largo y tortuoso, hoy en día puedo decir con confianza que lo que los ángeles me contaron cuando era niña acerca de cómo sería mi vida y cómo iba a servir al Espíritu se ha hecho realidad. El consuelo y la sanación que reciben mis clientes al conectarse con sus seres queridos es el motivo que me ha llevado a desarrollar y mantener el valor para hacer este trabajo.

---

* «Grief and After-death Communication», Windbridge Research Center, https://www.windbridge.org/grief-and-adc.

Sanación evidencial

Los médiums evidenciales, como yo, se comunican con tus seres queridos en espíritu y traen información como *evidencia* de que siguen existiendo y están en tu vida. Las pruebas deben ser específicas y claras para que puedas identificar quién está llegando. Reconocer que la existencia de tus seres queridos continúa y escuchar sus mensajes puede resultar increíblemente sanador.

Una de las lecturas más memorables que he tenido fue para un padre que había perdido a su hija por una enfermedad. Vino a mi despacho con un escepticismo absoluto, los brazos cruzados y los labios fruncidos. Al leer su lenguaje corporal, pedí a los espíritus toda la evidencia que pudieran darme durante esa sesión en concreto. Cuando acudió su hija, fue extremadamente meticulosa, porque sabía que su padre lo necesitaba.

—Tu hija está aquí y me está diciendo que falleció por un tumor cerebral.

Él me lo confirmó, claramente sorprendido.

—Me está diciendo que solíais jugar juntos al béisbol; era uno de sus recuerdos favoritos contigo.

—Dios mío, sí, lo hacíamos constantemente —me dijo descruzando los brazos. Su rostro empezó a relajarse.

—Y me dice que estuvisteis juntos en el lago poco antes de que falleciera, aproximadamente un mes antes, y que tuviste que rescatarla cuando se cayó en él.

Cuando le dije el nombre de su mascota, las lágrimas comenzaron a rodar por sus mejillas.

—De verdad está aquí, ¿no es cierto? Vine sin creer y me voy convencido. Siento que ahora puedo sobrevivir a mi dolor.

Al final de la lectura, dio un salto, me abrazó y lloró sobre mi hombro.

Estos son precisamente los momentos que convierten mi trabajo en algo singular. Las interacciones con personas escépticas no son algo inhabitual. Suelo recordarles que mi objetivo no es convencerlos de mis habilidades como médium, sino más bien animarlos a ensanchar su perspectiva del plano de las posibilidades.

*   *   *

A veces necesitamos pedir a los espíritus que nos envíen muchas pruebas precisas para poder transmitir los mensajes a una familia muy escéptica. Es lo que sucedió una vez en una lectura grupal, cuando vino a mí el espíritu de un padre.

—Estoy oyendo el nombre de William —dije dirigiéndome a la sala—. Me están diciendo que su hijo Daniel está aquí con su familia. Me comunica que murió de un problema de corazón conocido como infarto agudo de miocardio y que es mecánico de profesión, pero que también le encantaba hacer pasteles. ¿Le resulta familiar a alguien?

—Suena como si se tratara de mi abuelo —respondió una joven azarada—. Mi padre es su hijo, Daniel, y está sentado ahí —dijo señalando—. Los de esta fila somos todos familia.

Entonces el espíritu de William procedió a mostrarme una moto y un camping. Oí la palabra «secuoya». Transmití la información exactamente como me llegó.

—¡Sí, Dios mío, sí, es él! —exclamó la joven entre lágrimas mirando a su padre, Daniel, en busca de confirmación. Pude observar que él era el verdadero escéptico del grupo.

Entonces pedí a toda la familia que se levantara mientras seguía transmitiendo la información que el alma quería compartir.

—Daniel, tu padre me está diciendo que está con tu madre, con tu abuela, con tu hermano y con tu abuelo. También estoy oyendo que tu hijo y tú os llamáis igual.

Daniel permanecía callado, pero se le notaba visiblemente desconcertado.

—¿Te enseñó tu padre a hacer pasteles? —continué—. Porque me está mostrando con orgullo que ahora tú estás haciendo lo mismo con tu hijo.

—Sí, sí, sí —con la voz teñida de sorpresa, Daniel rompió por fin su silencio—. Pero eso podría corresponderse con cualquiera, ¿no?

Le dije a su padre y a otros parientes del mundo espiritual que su familia de la tierra necesitaba una prueba más concreta para poder creer de verdad. Entonces, William procedió a darme unos datos muy directos y personales.

—Daniel, tu padre me está diciendo ahora que estuvo ahí en espíritu, en la habitación, horas antes y en el momento en que tu abuelo abandonó el planeta. Le ayudó a hacer el tránsito. También me está contando que tienes un niño autista que no está aquí con nosotros en este momento.

Daniel empezó a atragantarse.

—Todo lo que estás diciendo es exacto.

Me giré hacia su hija.

—Tu abuela dijo que estabas buscando una de sus recetas. A ella no le gustaba hacer pasteles como a tu abuelo; esta receta es de una cena que preparaba todos los años, y hace poco alguien preguntó por ella. Es un plato muy especial. Supongo que es por lo que era conocida.

—Sí —me confirmó con entusiasmo—. Mi hermana y yo estábamos hablando de ella cuando veníamos. ¡Dijimos que ojalá acudiera la abuela para decirnos dónde encontrarla!

—Bueno, pues me está diciendo que se cayó detrás de la cocina. Buscad ahí y la encontraréis (¡cuando volvieron a casa, me enviaron un mensaje de texto para confirmarme que la habían encontrado justo en ese lugar!).

A estas alturas, las lágrimas fluían en el escenario y entre la audiencia, incluidos Daniel y toda su familia. De todas formas, pude observar que, incluso con todas aquellas pruebas, Daniel no estaba completamente convencido de que sus familiares en espíritu se encontraran realmente presentes. Algo seguía reteniéndolo.

Pasar demasiado tiempo en una lectura cuando se está en un entorno grupal es injusto para el resto de la audiencia, así que supe que tenía que seguir adelante... o eso creí. Cuando me di la vuelta para terminar con aquella familia en concreto, me llegó algo más del padre de Daniel:

—Mi hijo tiene cuatro tiras de papel en su cartera, y todas contienen fechas importantes de nacimientos y fallecimientos de nuestra familia.

Me detuve en seco, me giré y le pedí a Daniel que volviera a ponerse en pie.

—Solo quiero decirte una cosa más. Tu padre está diciendo que tienes cuatro tiras de papel en tu cartera en las que has escrito fechas familiares especiales. ¿Entiendes esto?

Al momento, rompió a llorar.

—¿Cómo puedes saber eso? —preguntó—. ¡Dios santo, está realmente aquí!

Luego contó a todo el grupo que llevaba las tiras en la cartera como tributo a sus muchos familiares difuntos. Tenían escritas las fechas de aniversario de sus seres queridos: por tanto, poseían para él un significado especial.

*   *   *

La pérdida desgarradora de un niño necesita una sanación profunda, y la mediumnidad evidencial puede ser un catalizador. Cuando una madre y un padre entraron un día en mi despacho, percibí inmediatamente su inmenso dolor, aunque no me dijeron nada. Mientras procedía con la lectura, sentí la presencia poderosa de una niña y escuché el nombre de Tina una y otra vez.

—Aquí en la habitación está una niñita en espíritu cuyo corazón no fue suficientemente fuerte para mantenerla en el planeta. ¿Quién es Tina?

Me miraron de hito en hito totalmente anonadados. La mujer se giró hacia su marido antes de responder.

—Tina es nuestra hija de tres años que hace poco falleció por un problema cardíaco.

A medida que avanzaba la lectura, les dije a ambos:

—Tina quiere que sepáis que está segura con su Oma y su Opa y que la cuidan bien.

Los padres exclamaron:

—Esto es lo que vinimos a escuchar. Es lo que necesitábamos saber para sanar esta terrible pérdida.

Se abrazaron y vertieron lágrimas de dolor y alegría. Aquella evidencia abrió la puerta para analizar en profundidad su dolor y dio como resultado un hermoso momento de avance en la sanación.

Cuando una lectura consigue resultados tan profundos, el cliente se pregunta: «¿Cómo ha podido saberlo?». Pero *yo* también pienso: «¿Cómo he podido saber eso?». Es absolutamente milagroso observar el principio de una sanación espiritual, sobre todo en una situación tan desgarradora como la pérdida de un niño.

*   *   *

A veces, las personas que han hecho el tránsito me visitan *antes* de una lectura. ¡Siempre me sorprende! Una mañana, eso fue lo que sucedió mientras me estaba duchando. Al principio, me entró el pánico porque…, bueno, ¡estaba desnuda en la ducha! Luego me reí y recordé que los espíritus no ven mi cuerpo desnudo, así que pude acallar mis miedos humanos y escuché lo que tenía que decirme:

—Me llamo John. Fallecí por un aneurisma y mi mujer va a venir a verte mañana. Soy su chico. Soy suyo, ella es mía y siempre será así.

Esa última parte me resultó bastante confusa. *¿Era su marido o su hijo?*

Luego me dijo que el nombre de su mujer sería una versión de Ann y, cuando comprobé mi agenda, vi que para ese día tenía tanto a una Anne como a una Anna.

Le pregunté a la primera clienta, Anne:

—¿Te dice algo el nombre de John, que tuvo un aneurisma?

—No —me respondió, así que supe que el mensaje tenía que ser para la otra mujer.

En cuanto llegó Anna, le transmití las palabras que John me había dicho esa mañana: «Soy su chico. Soy suyo, ella es mía y siempre será así».

Anna estalló en sollozos.

—Mi marido, Johnny, murió hace un mes por un aneurisma. Yo siempre le llamaba mi chico. Y él siempre me decía: «soy tuyo y siempre lo seré».

Sigue siendo clienta mía y continuamos teniendo unas experiencias muy profundas con John.

En otra lectura, le dije:

—Esto no lo entiendo, pero John está hablando de una taza de café.

Yo no lo tomo, así que no es algo que me pudiese venir normalmente a la cabeza.

Ella se echó a reír y dijo:

—Esta mañana, mientras me tomaba el café, le dije que lo único que quería que te dijera hoy era «taza de café», para que yo supiera que está realmente aquí.

Este es solo un ejemplo de lo a menudo que ambos se comunicaban antes de reunirse conmigo. Él me transmitía la información exacta que ella le pedía que me dijera. El amoroso vínculo de Anna y John perdura más allá de la muerte y ser testigo de ello me ha resultado conmovedor.

*   *   *

Ha habido muchos otros casos en los que un espíritu proporciona la información exacta que la persona quiere obtener para que, con ello, pueda derribar sus muros y recibir el mensaje. En cierta ocasión, era una mujer que quería hablar con su madre.

Escuché todo el relato de la difícil vida que esta había tenido como inmigrante. Trabajaba como costurera y hacía ropa de muñecas para ganarse la vida. Aunque yo no lo había oído desde hacía muchos años, me vino a la cabeza el nombre de la muñeca Kewpie. En cuanto lo pronuncié en voz alta, la clienta rompió a llorar. Lo único que había querido era que su madre mencionara ese día la ropa para esa muñeca, y así fue.

A veces se me insta incluso a transmitir algo en un idioma extranjero que no conozco o a decir en voz alta nombres que nunca he oído pronunciar y no sé cómo se escriben. Mientras hacía una lectura para una japonesa, me puse a entonar una canción en su lengua. Era una melodía oscura que su abuela solía cantarle. Este tipo de visitas siguen sorprendiéndome y dejan muy poco espacio para el escepticismo.

SEÑALES FÍSICAS

A veces se producen manifestaciones físicas durante las visitas. Son mensajes de los espíritus en forma física en la tierra. Durante una lectura grupal, me encontraba de espaldas a una gran ventana.

—Tengo aquí un espíritu que murió de sobredosis, el hermano de alguien que está en esta sala —transmití al grupo—. Me dice que te envía colibríes para hacerte saber que te quiere. Él no es el pájaro, sino que te lo ha enviado.

Entonces me di cuenta de que había perdido la atención de todo el mundo y que todos los ojos estaban vueltos hacia la ventana. Sin que yo lo supiera, mientras hablaba, un colibrí sobrevolaba mi cabeza al otro lado del cristal y luego se posó en el marco.

Aunque los pájaros son una señal común, cualquiera de ellos puede ser un mensajero de tus seres queridos en espíritu. Hace poco me entrevistó la doctora Laura Berman para su pódcast *The Language of Love*. Su hijo en espíritu, Sammy, vino a través de mí mientras estábamos grabando.

Le pregunté:

—¿Significa esto algo para ti? Tu hijo está mandando un dibujo a mi mente. Lo que veo es un lagarto haciendo flexiones.

Ella sonrió, porque todavía no le había contado a nadie que tenía un lagarto en casa y que esa mañana le había visto doblando y estirando las patas como si estuviera haciendo flexiones. ¡Nos reímos un buen rato al comprobar que Sammy le estaba enviando mensajes a través del animal!

Más tarde, el chico mencionó dos pájaros concretos que tuvieron un efecto relevante. Durante la grabación del pódcast, la doctora Berman no sabía lo que su hijo estaba transmitiendo, pero cuando terminamos, se dio cuenta.

—Tras perderle a él, dos pájaros se golpearon contra la ventana de su dormitorio y cayeron al suelo.

A veces hago lecturas en habitaciones de hotel viejas y encantadas de Hollywood y publico vídeos en mis cuentas de

Instagram y TikTok. Utilizamos una luz ultravioleta que emite un tono morado, el único que puede dar. En cierta ocasión, empecé a canalizar a un espíritu que le dijo al grupo:

—Me gustaría cambiar el color de esa luz de morado a azul.

De repente, la luz se volvió azul, aunque era técnicamente imposible. ¡Todo el mundo se quedó conmocionado! Esto está grabado en vídeo, además de diversas imágenes de los espíritus en estas aventuras de Hollywood.

COMUNICAR EN UN COMA

A veces recibo información de personas que están en coma, un estado intermedio que les permite comunicarse conmigo.

En ocasiones, puede resultarnos complicado conectarnos de manera precisa con nuestros seres queridos, porque estamos demasiado implicados emocionalmente. Esto nos sucede incluso a los médiums. Por eso una amiga, que también lo es, me llamó un día para preguntarme por su prima, que era como una hermana para ella. Quería obtener cualquier información acerca de si iba a conseguir sobrevivir a su brote de covid-19.

Por desgracia, pude observar que no lo iba a conseguir, pero no quise decírselo a mi amiga.

—La voluntad del alma es poderosa.

Entonces me pidió que enviara sanación reiki a distancia a su prima. Aunque no tengo costumbre, hice una excepción para ella. Durante la sanación, la prima me dijo telepáticamente que sus difuntas hermana y madre la estaban llamando desde el otro lado. Sin embargo, su marido seguía tirando energéticamente de ella hacia la tierra. Me dijo que él estaba sentado a su derecha y me dio también los nombres de otras personas que se encontraban en la habitación. Y había una cosa que le interesaba mucho que supieran: tenía los pies muy fríos.

Como un coma suele ser la única forma en la que una persona todavía viva puede comunicarse así conmigo, supe que aquella mujer estaba en ese estado. Cuando lo consulté con mi amiga, me lo confirmó, y todo lo que me había dicho durante la sesión de reiki era exacto. Por eso, le hice saber que su prima tenía los pies fríos.

—¡Dios mío, mi hermana y yo estábamos en este momento mandándonos un mensaje de que teníamos que tapárselos!

Su prima estuvo luchando contra la enfermedad aproximadamente un mes más antes de cruzar el velo vibracional.

OBTENER JUSTICIA

Durante una sesión bastante profunda, una madre acudió a mí queriendo saber si la muerte de su hijo había sido accidental o si se había suicidado. Ella estaba también al borde del suicidio porque sentía que tenía que estar con él para saber la verdad.

—Tengo aquí conmigo a tu hijo, y está con otro bebé, tu otro bebé. Quiere que sepas que ambos están seguros y felices. ¿Le encuentras el sentido a esto?

—Uau, sí —respondió—. Perdí un bebé pocos años antes de que falleciera mi hijo mayor. Dios mío, ¿cómo has podido saberlo?

—Tu hijo quiere que sepas que es él de verdad, así que me está diciendo cosas que solo tú sabes. ¡También me comunica que está muy emocionado con la próxima boda de su hermana!

La mujer empezó a llorar suavemente. A partir de ahí, su hijo siguió proporcionando muchos detalles evidenciales que la madre entendía relacionados con su muerte, como fechas, horas y lugares. Cuando ella supo que el que hablaba era su hijo, él abordó la preocupación principal que la había traído a mí.

—Esto resulta duro, pero me está diciendo que no se mató. Me confirma que le asesinaron y quiere que busques justicia.

¡Y me dio el nombre de su asesino!

La madre llevó esa información a la policía. Con el tiempo, reunieron pruebas suficientes para poner al asesino entre rejas.

Me resultó asombroso que pudiera resolverse un misterio, y que se haga justicia, desde el más allá. Más tarde profundizaré en este trabajo, conocido como mediumnidad forense (en el capítulo 9 te ofreceré más información sobre este tipo de mediumnidad).

EL PROPÓSITO QUE SE ESCONDE DETRÁS DE LAS VISITAS

El mensaje habitual de todas estas historias es que *las visitas de los espíritus nos ayudan a sanar*. Cuando estamos sumidos en la agonía del dolor profundo, podemos sentirnos increíblemente solos y aislados. Incluso abandonados por ese ser querido que ha hecho el tránsito, sobre todo en casos de suicidio. Y, desde luego, también por Dios. Es un camino solitario que puede convertir la vida en algo difícil de soportar. Nuestros seres queridos del otro lado nos visitan para ayudarnos en el torturador camino del duelo. Quieren facilitar nuestra sanación asegurándonos que no se han ido y que la relación continúa. Cuando acuden, ya sea en sueños, mediante señales o a través de un médium, nos están indicando que ha llegado el momento de que empecemos nuestro proceso de sanación.

Saben que, cuando tenemos una experiencia genuina del más allá y recibimos una prueba concreta de que nuestro vínculo con ellos sigue existiendo, podemos empezar a aceptar su ida, y eso nos ayuda a encontrar paz, a resolver nuestro dolor y a vivir mejor. Puede ser una fuente de consuelo y esperanza saber que siguen estando con nosotros en espíritu y que nos guían y nos apoyan desde el más allá.

Al reconocer que la relación con los que han hecho el tránsito perdura, podemos honrar su memoria y encontrar la fuerza necesaria para afrontar los desafíos de la vida sin ellos. El prolífico escritor Paulo Coelho dijo en su libro *Aleph*: «Nunca. No perdemos jamás a nuestros seres queridos. Nos acompañan; no desaparecen de nuestra vida. Sencillamente, estamos en habitaciones diferentes». Y cuando conseguimos echar un vistazo con nuestros propios ojos a esa «habitación diferente», podemos sanar. Mi tarea como médium es ayudar a abrir la puerta.

Sabiendo que estas visitas son sanadoras, muchas veces me preguntan: «¿Por qué mis seres queridos difuntos no me visitan más a menudo?». La respuesta sincera es que los espíritus quieren que te centres en la vida, no en la muerte. He aquí un ejemplo: aquellos de nosotros que hemos tenido una visita en sueños de un ser querido en espíritu sabemos lo memorable que resulta la experiencia. Tú *sabes* en tu alma que no es un sueño corriente, que esa persona vuelve a estar ahí contigo. Lo percibes como algo muy real y por eso te sientes feliz de poder estar de nuevo con ella. Por desgracia, estos sueños no son muy frecuentes, pero el motivo es sencillo: si supieras que la persona cuya muerte te está produciendo un dolor profundo te iba a visitar cada vez que soñaras, ¿te levantarías siquiera de la cama?

Nuestros seres queridos del otro lado siempre nos visitan para ayudarnos a sanar y a seguir adelante con nuestra vida.

No tienen ninguna intención de mantenernos en la vibración de la depresión y la desesperanza. No quieren que estemos tristes y metidos en la cama, sino que nos volvamos a poner de pie y sonriamos. Las visitas son *siempre* en pro de la sanación.

Es importante entender que los médiums no son los que ofrecen toda esa sanación, sino solo los *vehículos* a través de los cuales los espíritus nos brindan la oportunidad de conseguirla. Los clientes necesitan que me ponga a trabajar y aporte pruebas del más allá. ¡En realidad, soy yo la que pido a los espíritus que se pongan a ello y aporten esas pruebas!

Como no soy la que controla el proceso, no pasa un día sin que la idea de trabajar no me ponga nerviosa. *¿Y si los seres queridos no acuden hoy? ¿Y si estoy equivocada? ¿Y si accidentalmente hago daño en lugar de sanar?* De vez en cuando hablo de esto con los espíritus, cuando estoy sumida en las dudas acerca de mí misma, y les digo que ese día no puedo ir a trabajar. Pero ellos me responden siempre: «Sí, Susan, puedes; vuelve a nosotros una hora después de tu primera sesión y comprueba si sigues sintiéndote así». Por supuesto, después de la sesión se me recuerda que mi equipo espiritual siempre aparece, tal y como en el fondo sabía que harían.

Sé lo importante y delicado que es trabajar con personas que están pasando por un duelo. Entiendo que no realizo una parte importante de la sanación, pero, al mismo tiempo, también soy consciente de que puedo compartir el proceso siendo el conducto del Espíritu. Esto significa que debo depositar toda mi confianza en el mundo espiritual para tener éxito en lo que hago. No puedo afirmar que sea un trabajo fácil, pero como la mayoría de las cosas difíciles, la sanación que se produce lo convierte en algo valioso y que merece mucho la pena.

Con el transcurso de los años he aprendido que hay muchas personas que han sido condicionadas para creer que la mediumnidad es algo malvado. Sin embargo, cuando día tras día veo a la gente sanar su dolor profundo en mi despacho, tengo claro que no es verdad. El mal no sana, sino que destruye, y establecer conexiones con nuestros seres queridos del otro lado es el mayor alivio de la pena que he presenciado jamás. Y es importante señalar que para mantener una comunicación después de la muerte no hace falta un médium. *Todo el mundo* tiene visitas de espíritus; lo que sucede es que la mayoría de nosotros las minimizamos («¡Bueno, probablemente no ha sido más que una coincidencia!») o tenemos miedo de investigarlas más a fondo por temor a que piensen que estamos locos.

Creo que hay gente en todo el mundo que experimenta visitas de sus seres queridos en espíritu pero que jamás ha dicho una palabra al respecto por miedo al rechazo y al juicio. Con ello, nos cerramos al Espíritu y a nuestros seres queridos del otro lado que quieren ayudarnos a sanar. Como en todo, si no lo usamos, ¿de qué nos sirve? Todos podemos acceder a esa parte de nosotros, darnos cuenta de primera mano de que no morimos, de que el amor vive por siempre, y empezar a transmutar ese dolor en oro.

Cierro este capítulo con historias de clientes míos contadas por ellos mismos. Las experiencias que se comparten a través de los ojos de las personas que las vivieron son muy intensas.

EN SUS PROPIAS PALABRAS

Anna T.

Empecé a acudir a Susan cuando perdí al amor de mi vida. Sabía que necesitaba algo que me diera esperanza de supervivencia y los orientadores de duelo no me la aportaban. Ella me conectó inmediatamente con mi marido. Lo describió físicamente, me contó características personales concretas y expuso cómo había fallecido y algunos episodios que sucedieron en el hospital cuando estaba en coma. Mencionó un apelativo cariñoso especial que nos decíamos mutuamente a diario.

Había encontrado mi salvavidas. Susan me estaba ayudando a salir de las profundidades de la depresión. Me di cuenta de que es una persona muy dotada. Se estaba comunicando de verdad con mi marido y podía continuar con mi vida. Iba a ser duro, pero podía lograrlo.

Considero a Susan no solo como una médium de mucho talento, sino también como una asesora para el duelo y una buena amiga. Cada vez que nos juntamos, la reunión siempre resulta significativa y continúa asombrándome. En una sesión, por ejemplo, me dijo que mi marido se había encontrado con un joven, Ty, al que había ayudado a pasar al otro lado. Mencionó que ambos le conocíamos ligeramente y que había muerto por un aneurisma cerebral, como mi marido. Me transmitió que Ty estaba preocupado por sus padres y que quería que estos supieran que estaba bien para que no se agobiaran. Me dijo que los padres se llamaban Cathy y Ralf, y me deletreó el nombre, R-A-L-F. Yo no tenía claro a quién se estaba refiriendo, pero le aseguré que lo miraría. Esa noche, mi amiga Tina me llamó llorando y me pidió que rezara por el exnovio de su hija, Tyler. Era un deportista sano y robusto que el día anterior había fallecido por un aneurisma cerebral, y las dos estaban sobrepasadas por la pena y la angustia.

Le pregunté cómo se llamaban sus padres y ella me respondió:

—Cathy y Ralf.

Supe que este último era europeo, y por eso escribía así su nombre. Ambos se encontraban muy afligidos, pero su hijo estaba intentando ponerse en contacto con ellos, y quiso asegurarse de que escribíamos bien *Ralf* para que supieran que era él de verdad y que seguía con ellos. Le transmití a Tina el mensaje y ella, a su vez, se lo dio a los padres.

Susan es un alma amorosa y de gran talento que bendice a la gente con sus dones. Con la ayuda del Espíritu, les ha proporcionado a estas personas un salvavidas de esperanza y consuelo sin ni siquiera conocerlas.

EN SUS PROPIAS PALABRAS

Sunny M.

Perdí a mi hija, Kasey, el 23 de julio del 2020. El trauma del dolor que estaba sufriendo era casi imposible de sobrellevar, sobre todo estando sola. Ella había sido mi mejor amiga desde antes incluso de nacer.

Dos meses después de su muerte, encontré un artículo sobre una médium de California, Susan Grau. Estaba escrito por alguien que había «examinado» a médiums y los había calificado según su capacidad para ofrecer pruebas concretas que informaran al cliente sobre cosas que nadie salvo el difunto podría saber y que no se podían consultar. Susan Grau ocupaba el primer lugar de la lista. Entré en su página web y me apunté tanto para un taller de duelo como para una lectura de cincuenta minutos.

El día de la lectura, me sentía angustiada y escéptica. Soy abogada y una observadora aguda de las personas y los patrones, y tengo una necesidad profunda de pruebas reales... de casi todo. Reservo mi juicio hasta que no estoy absolutamente convencida de la culpabilidad o la inocencia, o, en este caso, de la auténtica habilidad de una médium.

Mi hija y yo creíamos en el mundo invisible. Hablábamos de lo seguras que estábamos de que nuestros parientes difuntos nos habían «visitado» en sueños y considerábamos las coincidencias como la sincronía del universo. Sin embargo, ninguna de las dos tenía habilidades psíquicas ni nos habían hecho ninguna lectura para conectarnos con el mundo espiritual. Tras la muerte de mi dulce Kasey, necesitaba saber que seguía estando conmigo.

Susan empezó la lectura diciendo que «tenía un espíritu masculino y otro femenino» y que «el masculino estaba diciendo que siempre había estado ahí para ayudar al femenino a hacer el tránsito». Quería que yo supiera que él «estaba con ella». Supuse que podía ser el padre de Kasey, que había fallecido tiempo atrás, en un cumpleaños de nuestra hija, pero como si me estuviera leyendo la mente, Susan me dijo:

—Me está diciendo que es su tío, así que si estás pensando que es su padre, no lo es. Dice que es su tío.

Luego continuó diciendo:

—Veo un cordón umbilical. Ella está diciendo «mamá»... ¿Es tu madre? ¿O eres tú la suya?

Me quedé boquiabierta y apenas podía formar las palabras, pero le respondí:

—Es mi hija.

A partir de ese momento, fue como si se abriera una compuerta de información. Aunque ya conocía la causa de la muerte —sobredosis de drogas—, lo que no estaba claro era si había sido intencionada o no. Susan me contó la combinación exacta de sustancias que habían matado a mi hija. Yo había recibido el informe del forense el día antes. Nadie conocía esos detalles excepto el forense de Chicago y yo.

Susan me dijo repetidamente que mi hija le estaba comunicando:

—Fue un accidente, mamá. No quería hacerte esto.

Me describió la escena en la que la encontraron y quién lo había hecho, y, lo más importante para mí, cómo fueron sus últimos momentos.

—Me quedé dormida, mamá. No me dolió y no estaba asustada.

Me dijo que su tío y su perro acudieron inmediatamente cuando hizo el tránsito. Susan dijo:

—Veo un perro más grande. ¿El nombre empieza por M? ¿Mac? ¿Mac? ¿Mac? ¡Me encanta esa música! Me encanta esa música.

La detuve, aunque seguía ofreciendo más información, y le dije:

—¡Espera! ¿Qué música? ¿De qué música estás hablando?

Susan me respondió:

—No lo sé... Ella estaba hablando de su perro y de repente dijo: «¡Me encanta esa música!».

Mi hija había bautizado a su gran labrador amarillo con el nombre de «Mac», en honor a su banda favorita, Fleetwood Mac, y este había fallecido unos años antes. Me quedé anonadada y las lágrimas rodaron por mi cara. Eso era justo lo que había estado esperando, una prueba tangible de que Kasey seguía estando aquí; aunque su cuerpo se hubiera ido, su conciencia y su espíritu estaban todavía vivos.

—Está cantando una canción... ¿Cómo es? Ya sabes...

Susan empezó a tararear la melodía y a entonar la letra. Antes de que pudiera llegar al siguiente verso, le grité:

—¡*Landslide*! Es *Landslide*.

Era la canción favorita de Kasey, la que tocamos y cantamos en su funeral militar y la letra a la que hice referencia en su obituario y en su lápida.

Aquello no fue más que el principio de mi periplo por el dolor que me provocaba aquella terrible pérdida, pero constituyó un punto de inflexión. Las siguientes sesiones con Susan me han ayudado a sanar mi alma, algo que no consiguieron varios años de terapia. En broma, la denomino mi terapeuta del alma, porque, a través del terrible paisaje de los dos últimos años, las horas que he pasado con ella me han permitido superar lo que en su momento fue un dolor constante y abrasador. Mi amistad con ella me ha aportado la orientación que necesitaba en este territorio desconocido de tristeza desgarradora, arrepentimiento y pena implacable. Ahora me está ayudando a crecer y a aceptar estas pérdidas y decepciones como parte de mi camino en esta vida.

EN SUS PROPIAS PALABRAS

Katherine E.

Durante los últimos años, mi madre se había quedado atascada en el dolor por la muerte repentina de su hermana como consecuencia de un cáncer de mama. Buscando una forma de proporcionarle algo de paz, descubrí a Susan en Yelp y concerté inmediatamente una cita.

No hay palabras para describir la tranquilidad que le aportó a mi madre. La que estaba anhelando. Mi tía acudió acompañada de varias personas más. Fue como una reunión familiar. Cada uno dio a mi madre el amor y la paz que estaba buscando, y ella se identificó con todo lo que Susan dijo, si no en el momento, unos días después.

Tras la cita, cuando miraba a mi madre a lo largo del día, casi no la reconocía. Irradiaba felicidad, algo que llevaba muchísimo tiempo sin ver. Los años de tristeza y preguntas se habían desvanecido por completo. A partir de ese día, dice que sigue caminando sin posar los pies sobre la tierra.

Soy incapaz de agradecerle lo suficiente a Susan que me haya devuelto a mi madre, que no hacía más que preguntarse cómo habría sucedido. El hecho de haberla conocido ha cambiado su vida para siempre. Bueno, y también la mía.

EN SUS PROPIAS PALABRAS
Pattie S.

Mi hermano y yo fuimos a ver a Susan después de perder a nuestra hermana. Su amabilidad nos demostró al momento que se preocupaba y que estaba muy conectada espiritualmente. No estábamos seguros de lo que opinábamos sobre los médiums, pero queríamos respuestas. Hice mis investigaciones antes de elegirla a ella. Tenía unos comentarios fabulosos en Yelp, así que concertamos una cita. Albergábamos la esperanza de recibir las respuestas que necesitábamos de una forma tan desesperada. ¡Pues sí, así fue, y recibimos también más de lo que esperábamos! Se mostró muy cariñosa y amable, y eso calmó nuestros miedos. A continuación nos dijo la canción favorita de mi hermana, la que se cantó en su celebración de la vida.

Nos quedamos asombradísimos, aunque seguíamos sintiéndonos bastante escépticos. Pero eso desapareció cuando nos dijo el apodo que utilizábamos cariñosamente para dirigirnos a mi hermana. Sin ninguna indicación por nuestra parte, nos comunicó que la muerte no había sido un suicidio, sino un accidente, que era la pregunta y la razón por la que habíamos querido ver a un médium. Eso por sí solo ya resultó muy sanador para mi hermano y para mí.

También nos dijo que su perro había fallecido justo después que ella y que estaban juntos. Nos transmitió que el lugar favorito de nuestra hermana era un acantilado en la costa de Hawái y que allí era donde habíamos esparcido sus cenizas. ¡¿Qué?! Continuó con la información de que mi hermana estaba allí con nosotros cuando lo hicimos. Y que le estaba diciendo que nos lo transmitió mostrándonos un delfín mientras las esparcíamos. Sabíamos que era imposible que ella supiera eso. Mi hermano y yo estábamos anonadados, asombrados y emocionados. Susan pasó la media hora siguiente contándonos lo feliz que se sentía mi hermana y todas las señales que estaba enviando, algo que habíamos experimentado desde su fallecimiento. Mientras nos hablaba, me invadió una sensación de paz.

Todo escepticismo que pudiéramos albergar acerca de la legitimidad de los médiums había desaparecido. Cuando nos íbamos, Susan nos dijo que veríamos una lechuza esa tarde; pero no una cualquiera: esta se iba a posar en el árbol situado junto a nuestra casa y a ulular hacia nosotros. Ante mi sorpresa, mi familia la vio y la oyó donde ella nos había dicho. Acudir a Susan fue la mejor decisión que hemos tomado mi hermano y yo. Fue como un año de terapia para el duelo en una sola hora. Gracias, Susan, por la experiencia mejor y más sanadora que haya tenido jamás.

MOMENTO DE INTEGRACIÓN
Tienes que sentirlo para sanarlo

El dolor por la muerte de un ser querido es una de las emociones más fuertes del mundo y puede destrozar temporalmente una vida. Es una de las mayores penalidades que se nos pide superar en esta experiencia humana, y el propósito de las visitas de nuestros familiares y amigos en espíritu es *siempre* para ayudarnos a entrar en el camino de la sanación. A menudo queremos enterrar o adormecer nuestro dolor, pero la auténtica transformación se produce cuando lo miramos de frente; dicho de otro modo, tenemos que sentirlo para sanarlo. Elige cualquiera de las siguientes sugerencias para explorar tu experiencia con el dolor, las visitas de los espíritus y el punto del camino de sanación en el que te encuentras en estos momentos. ¿Cuál es tu historia de duelo, ya se trate de la pérdida de un familiar directo, una mascota o un amigo? ¿A quién has querido tanto que su pérdida te ha llenado de dolor y cuál ha sido la parte más difícil del proceso? ¿Qué pasos hacia la sanación has dado?

- ¿Cómo has crecido al experimentar el dolor profundo? ¿Cómo has transmutado tu dolor en oro?
- ¿Has tenido alguna visita de un ser querido en espíritu? Si así fuese, ¿la has escrito? Es algo a lo que podrás regresar cuando te olvides de que está aquí.
- ¿Qué tipo de visitas has tenido? ¿Fueron sueños, manifestaciones físicas, una sesión con un médium o un conocimiento visceral de que tu ser querido estaba ahí? ¿Cómo te han ayudado a sanar en tu proceso de duelo?
- ¿Qué creencias tienes acerca del más allá? ¿Dónde sientes que están tus seres queridos difuntos? ¿Qué crees que sucede después de esta vida?

Ejercicios del capítulo

Tras una pérdida, a menudo decimos: «Sencillamente sé que está aquí; puedo sentirlo». Es un tema que escucho habitualmente y que ayuda a la gente a procesar lo sucedido, una forma de visualizar a nuestros seres queridos y de sentir paz, aunque solo sea por un momento. Puede constituir un analgésico muy potente para calmar nuestros miedos y nuestro dolor.

Cuando la angustia se cuela como un visitante no deseado, a menudo me planteo esta pregunta, seguro que igual que tú: «¿Cómo puedo sobrevivir a este dolor? ¿Cómo puedo hacerlo?». Sin embargo, contra toda probabilidad, ¡lo hacemos!

Mi mantra para mi propia pérdida es: «Yo no puedo, ellos sí, ¡déjalos!». Siempre que me empieza a entrar el pánico, digo: *yo no puedo* hacer esto sin una conexión, *ellos pueden* conectarse conmigo y *voy a permitirles* que me muestren cómo hacerlo. No es una solución al dolor, pero me ayuda a confiar en que están aquí, recorriendo conmigo este camino de pérdida de una forma invisible.

Prueba los siguientes ejercicios para que te ayuden a sentirte más conectado con tu ser querido:

- Dedica tiempo a estar con los demás miembros de tu familia hablando sobre lo que cada uno opina de cómo es el más allá y de lo que vuestros seres queridos pueden estar haciendo allí.
- Este puede ser un buen momento para una reflexión más profunda. Acude al lugar favorito de tu ser querido. Pídele que te ayude a visualizar lo que está haciendo y viendo. Escribe todo lo que recibas.
- Dedica un tiempo a estar solo en una habitación tenuemente iluminada. Pide a tu ser querido que te muestre una señal clara o una visión. Los espíritus tardan en averiguar el método «correcto» para satisfacer tu petición. Ten paciencia con ellos. Necesitan tiempo. Sostén una o dos fotos en la mano. Contemplarlas nos ayuda a conectarnos con ellos y a menudo a recordar la forma en

la que siguen influyendo en nuestra vida. Recuerda las conversaciones que mantuvisteis cuando ambos estabais en este planeta.

- Acuérdate de que solo debes incorporar recuerdos de vuestro ser querido difunto en las conversaciones familiares cuando te sientas preparado para ello. ¿Qué opinaría sobre el asunto que estáis tratando? ¿Cómo podría haber reaccionado a lo que se ha dicho?

Recuerda que mantenerlos vivos con nosotros va resultando más fácil a medida que va pasando el tiempo. No te obligues por encima de tus límites. El dolor es una fuerza poderosa. Trátate con indulgencia y amabilidad.

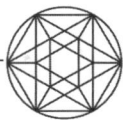

CAPÍTULO 8

Señales de nuestros seres queridos

A LO LARGO DE LOS AÑOS que llevo trabajando como médium he recibido de mis clientes muchas historias muy valiosas y he sido testigo de muchos milagros en los que los espíritus se han comunicado a través de mí para hacer saber a sus seres queridos que pronto les iban a enviar una señal. Si te lo estás preguntando, tranquilízate sabiendo que no eres el único. Todos los que hemos vivido una pérdida nos hemos cuestionado la validez de alguna señal recibida de un ser querido, pero al final estos signos pueden aliviar a muchos en su dolor y eso es lo que los convierte en algo más que válidos. Son potentes y necesarios para la sanación.

UN ABRAZO PATERNAL DE UN EXTRAÑO

—Tu padre, Ed, me está diciendo que te va a enviar un mensaje a través de un extraño —le dije a mi cliente Meghan.

Aquel espíritu era una comunicación inesperada, porque todavía no había hecho el tránsito, sino que estaba en coma profundo.

Un rato después, Meghan me llamó para decirme que las horas de visita en la UCI donde estaba su padre se habían terminado. Sentí la urgencia de volver a recordarle lo que le había dicho: «Tu padre te enviará un mensaje que no esperas a través de un extraño».

A última hora de la tarde, paró para echar gasolina al salir del hospital. El hombre que estaba detrás del mostrador le sonrió y le saludó y luego dijo:

—¿Tienes a tu padre por aquí cerca? Tus ojos me recuerdan a un hombre muy agradable que viene con su camión antes de ir a trabajar.

Aunque estaba rota, recordó lo que le había dicho antes y respondió:

—Sí.

Entonces él le preguntó:

—¿Su camión es verde oscuro? ¡Creo que se llama Ed!

—¡Es muy probable que sea mi padre! —Asombrada de que aquel extraño mencionara a su progenitor, pero sin estar todavía segura de que ese fuera el mensaje que yo le había mencionado, dijo—: Hola, me llamo Meghan. Encantada de conocerle.

Y se fue a echar gasolina al coche.

El hombre amable la siguió y le dijo con una voz suave, parecida a la de su padre:

—Megs… Megs, tengo la sensación de que quizá podría venirte bien un abrazo.

Ella no sabía cómo reaccionar, porque su padre era la única persona que la llamaba Megs. Ante su asombro, el desconocido la envolvió en un abrazo fuerte y largo, exactamente igual que los que le daba siempre su padre.

Antes de soltarla, el caballero le susurró:

—No te olvides de quién eres, Megs.

Era la frase exacta que su padre siempre empleaba cuando ella necesitaba un apoyo cariñoso.

Cuando volvimos a hablar, me contó toda la historia y me dijo:

—¡Recibí el mensaje! ¡Tenías razón! ¡Me dijiste que un extraño me iba a dar un mensaje! ¡Mi padre está fuera de su cuerpo! ¡Tenías razón!

Yo estaba entusiasmada de que su padre hubiera acudido a ella; escuché cada detalle con el mismo asombro que ella estaba sintiendo. Luego decidí preguntarle acerca de un nombre que había escuchado:

—Meghan, ¿qué significa *beya*? Tu padre no deja de decir: «Te quiero, *beya*».

—¡Susan! Mi padre solo me llama Megs o Bella. ¡Lo estás diciendo exactamente como él lo dice, con el mismo acento!

Asombrada, me explicó que, en español, «bella» significa guapa, pero que, con el acento castellano, suena como *beya*. Gritó entusiasmada que su padre estaba empezando a enviarle señales que ella podía reconocer.

Esa misma noche recibí otro mensaje y escribí a Meghan.

—¿La canción «Nights in White Satin» tiene alguna importancia para tu padre?

A la mañana siguiente, desde la UCI, me envió una foto de la pantalla del teléfono de su padre con la última canción que había puesto: «Nights in White Satin», de The Moody Blues.

Y me escribió: «¡Es *imposible* que supieras esto! ¿*Cómo*? ¡Susan! ¡Mi padre está comunicando estas señales a través de ti!

Empezó a documentar cada signo que le enviaba, desde colibríes a mariposas, azores, lechuzas, estrellas fugaces, canciones en la radio, señales en carteles publicitarios, luces parpadeantes, puertas que se abrían solas y números angelicales constantes, como sentir que tenía que mirar la hora a las 11:11 y recibir llamadas desconocidas o ver placas de matrícula con los dígitos 1111. Eran infinitos. En todas direcciones. En tres semanas, me debió de mandar más de cien fotos y vídeos.

Me desperté el 2 de octubre del 2022 a las 3:33 de la madrugada (¡más números angelicales!) y encontré en mi habitación al espíritu de Ed, que me decía que había hecho el tránsito. Al empezar a escribir un mensaje de texto a Meghan, recibí otro suyo confirmándome que así había sido.

Le dije que su padre quería que tuviera un anillo de plata que le pertenecía y que estaba relacionado con el mar. Cuando la familia llegó a la casa del padre para empezar a repartir sus pertenencias, en su mesilla encontraron un anillo de plata con pequeñas olas marinas grabadas. Era un regalo de cumpleaños que Meghan le había hecho cuando era niña, pero que llevaba años sin ver.

Le aseguré que su padre le iba a hacer pronto una visita. Tres noches más tarde, recibió la profunda sanación que tan desesperadamente necesitaba, una visita de Ed mientras estaba durmiendo que le cambió la vida. Me llamó desde la cama:

—*Susan, tenías razón. ¡Oh, lo sentí como algo completamente real!* ¡Fue como si mi alma viajara a otra dimensión para poder pasar página en lo referente a mi padre! ¡Fue tan *real* como si hubiera estado despierta!

Me contó todos los detalles de la visita y la sanación fue muy hermosa. Fue fantástico ver el poder del mundo espiritual y saber que su padre le había dado lo que necesitaba para empezar el proceso.

EL PÁJARO AZUL

Estaba al teléfono haciéndole una lectura a una mujer de Sidney (Australia) cuando recibí una imagen de un pájaro muy bello.

—Tu madre me dice que te va a enviar un pájaro. *Veo* un ave; parece que es de un azul muy brillante.

Se lo describí con detalle basándome en la imagen que estaba recibiendo.

—¡Sé de qué pájaro estás hablando! —me respondió—. Es uno muy especial de Australia que se llama maluro espléndido.

—¿De verdad? No sé nada de las aves de ahí. Pero me está diciendo que te lo va a enviar.

No mucho después de la lectura, mi clienta contrajo una enfermedad muy grave que le provocó una infección pulmonar. Le subió tanto la fiebre que creyó que podría morir, así que pidió ayuda a su madre. Esta acudió en sus sueños y le entregó un maluro espléndido. La hija volvió a pedirle ayuda por el tremendo dolor que sufría en el cuerpo y de nuevo su madre le ofreció el pájaro.

Cuando la mujer se despertó a la mañana siguiente, la fiebre había bajado. Unas pocas horas después vio, en la ventana, el mismo pájaro que había estado en sus sueños. Más tarde me contó que *tenía la sensación* de que era una señal de su madre para decirle que la estaba ayudando a recuperarse. Ahora se sentía más tranquila con respecto a la muerte de esta y estaba convencida de que la había visitado.

LAS SEÑALES QUE NECESITABA

Ahora quiero contar una experiencia muy personal sobre una señal muy necesaria que recibí en un momento extremadamente doloroso de *mi* vida. Cuando mi madre intentó suicidarse, no murió de inmediato, sino cuatro días más tarde por las complicaciones del intento. Pasé cuatro días en una unidad de pacientes terminales observándola, azul e hinchada, mientras moría lentamente. Es lo más horrible que me ha sucedido en mi vida, y he pasado por muchas cosas.

Antes de esto, mis dos hermanos también se habían quitado la vida, por lo que en ese punto tenía la sensación de que el suicidio me perseguía. ¿Por qué todos los que me rodeaban tomaban la decisión de dejarme? El dolor acumulado se convirtió en algo debilitante cuando también mi madre lo hizo. Me sentí rechazada. Libraba una batalla con estos pensamientos absorbentes de abandono por parte de las personas a las que amaba mientras, al mismo tiempo, me invadían los relacionados con lo que estaba pasando mi madre.

En mi momento más oscuro, pedí a mi padre, que ya había hecho el tránsito, que me confirmara que estaba con ella y que la iba a ayudar a irse de un modo apacible. ¡Un instante después, una mariposa apareció de la nada y me golpeó directamente entre los ojos! En el pasado, quizá hubiera desechado esa señal por considerarla una coincidencia, pero en aquel momento me pareció diferente. Parecía tener una naturaleza espiritual. Las mariposas siempre han ocupado un lugar especial en mi corazón y han sido para mí una señal personal. Los espíritus se comunican con nosotros de maneras que podamos entender, por lo que en ese momento supe que mi padre me estaba asegurando que estaría junto a mi madre durante su transición. Aquella señal sirvió para aliviar una situación que, por lo demás, era absolutamente horrenda.

A estas alturas había sufrido demasiada muerte y dolor en mi vida y había tenido que afrontar a diario estos asuntos tan complicados en mi trabajo como médium. Sin embargo, el fallecimiento de mi madre fue justo lo que me derrumbó, y tuve la sensación de que jamás podría volver a levantarme. Y así sucedió durante mucho tiempo. Fue la experiencia más devastadora de mi vida; me desmoronó hasta lo más hondo de mi ser. Y el hecho de que ella hubiera *decidido* abandonarme hacía que aquel dolor tan profundo resultara mucho más insoportable. No solo estaba atravesando un duelo muy hondo, sino que además percibía todos los sentimientos horribles que trae consigo el suicidio: culpabilidad, traición, rechazo.

Cuando alguien a quien amamos decide quitarse la vida, en cierto sentido nos sentimos responsables. Nos atormentamos con los «y si»: y si yo no hubiera dicho esto, y si hubiera dicho eso, y si hubiera prestado más atención. El suicidio consigue hacerte sentir que le has fallado a esa persona. Como si la hubieras decepcionado de la forma más básica. He tardado mucho en comprender que no soy responsable de la decisión de mi madre —ni de la de ninguna otra persona— de acabar con su vida. Ningún «y si» del mundo puede anular el libre albedrío de una persona. Cargué durante mucho tiempo con esa sensación de culpabilidad hasta que aprendí que no había dependido de mí.

Cuando al final mi madre murió, mi dolor se agravó por un sueño terrible que tuve: la vi caminando por un pasillo, abriendo y cerrando puertas, evidentemente perdida e intentando encontrar su camino. Cuando la llamé por su nombre, se giró hacia mí y se transformó en una entidad terrorífica.

Me desperté absolutamente destrozada. Nunca había experimentado nada semejante. Por primera vez en mi vida, no supe si el sueño era real o no. Intenté comunicarme con ella para asegurarme de que estaba bien, pero no fui capaz de conectarme.

Seguí intentándolo durante muchos días, cada vez más preocupada de que no se comunicara conmigo. Luego me di cuenta de que, aunque soy médium, quizá necesitara conectarse conmigo a través de otra persona, porque mi dolor estaba bloqueando la comunicación. Decidí entonces acudir a una médium de confianza para tener un canal claro a través del cual hablar con ella.

—Necesito saber que mi madre está segura al otro lado —le dije a la médium, Colleen, tras explicarle mi sueño y mi incapacidad para conectarme con ella desde ese momento.

—Tu madre está aquí y está bien, Susan —me aseguró—. Tu sueño solo simboliza el miedo que sientes en relación con su muerte, porque fue traumática, y estás invadida por los «y si». Sin embargo, te asegura que no está perdida, que ha llegado bien al otro lado y que te enviará un halcón como mensaje claro de que está segura y de que te quiere.

Mostré mi incertidumbre. Aunque los halcones eran poco habituales en el lugar donde vivía, ver uno no me convencería lo suficiente como para creer que era una señal de mi madre.

Colleen respondió:

—Me dice que te lo mostrará de una forma innegable.

Yo seguía sintiéndome razonablemente escéptica, pero estaba deseando ver. Necesitaba tener noticias de mi madre.

En mi caso, no era normal que desconfiara, pero como cualquiera de nosotros, también estoy viviendo una experiencia humana; yo también dudo de vez en cuando. Sobre todo cuando estoy profundamente sumida en el dolor.

Cinco días más tarde, un vecino me llamó para que saliera. No le había dicho nada sobre esta conversación, así que podrás imaginar mi sorpresa cuando me mostró un halcón posado en un árbol *mirando fijamente* hacia mi casa. Aun así, yo seguía sin estar completamente convencida.

Al día siguiente, mi marido me dijo que saliera para mostrarme un halcón posado en nuestra valla y mirando hacia la ventana. Intentó espantarlo, pero el animal se quedó donde estaba. Parecía *obsesionado* conmigo. En ese momento me rendí y exclamé:

—¡De acuerdo, *creo*!

En el momento en que lo dije, el pájaro alzó el vuelo y no volvimos a verlo nunca más.

RECIBIR TUS PROPIAS SEÑALES

Esta experiencia tan increíble con mi madre me abrió los ojos y me reveló lo mucho que se esfuerzan nuestros seres queridos para enviarnos mensajes desde el mundo de los espíritus. Se comunican de tal manera que incluso las personas más escépticas reconocen la posibilidad de que haya vida después de la muerte. El halcón es mi recordatorio de que, incluso después de haber hecho el tránsito, todavía nos pueden mostrar que no nos han dejado atrás. Me recuerda también lo esencial e importante que es confiar y creer en las señales que recibimos y permanecer abiertos al plano de la *sabiduría infinita*.

Nuestros seres queridos nos reconfortan y nos orientan en los momentos difíciles de nuestra vida, guiándonos y ofreciéndonos consuelo. El tipo de señales que nos envían suelen ser aquellas que se conectan de manera individual con nuestra alma, pero unas son más habituales que otras. Más adelante, en este mismo capítulo, te mostraré algunas bastante comunes.

Por otra parte, nos notan afligidos porque ya no están físicamente con nosotros. Nos ven perdidos y perciben que nos sentimos abandonados y solos, por lo que quieren enviarnos señales que nos recuerden que están ahí. Cuando permanecemos abiertos a lo que nos mandan, podemos percibir su amor infinito hacia nosotros; desean que nos ofrezca la fuerza necesaria para seguir el camino que tenemos destinado (¡acuérdate del *Camino de Baldosas Amarillas*!).

¿Hace falta ser médium o acudir a uno para recibir estas señales y mensajes de tus seres queridos? ¡No! Consultar con uno es una forma útil de tener noticias de aquellos que han abandonado este plano terrenal, pero ni con mucho la única. *Todos* somos capaces de recibirlos de primera mano. Lo primero que hace falta es que permanezcamos abiertos; concretamente, que abramos nuestro corazón. Por supuesto, esto resulta más fácil de decir que de hacer en un mundo obsesionado por la lógica.

Eres tan receptivo a ellos como te permitan tus propias creencias limitantes. Como dice el proverbio siux, «El viaje más largo que emprenderás en tu vida es el que va desde tu cabeza hasta tu corazón». De todas maneras, como sucede en la mayoría de las peregrinaciones espirituales concienzudas, las recompensas que obtienes al comprometerte con este viaje tan largo tienen un valor incalculable. ¿Estás preparado para dar el primer paso?

ACCEDER A LA INTELIGENCIA DE TU CORAZÓN

Tu corazón posee su propia inteligencia. El sistema neuronal de la cabeza, conocido como cerebro maestro o «gran cerebro», está considerado el centro de la inteligencia, porque envía información y mensajes al cuerpo a través de distintas vías: neurológica, bioquímica, biofísica y energética. Sin embargo, el descubrimiento más interesante es que nuestro corazón demuestra tener la suya particular.

El sistema neuronal del corazón está formado por más de *40 000* neuronas y utiliza estas vías para comunicarse con el cerebro. De ahí que se le denomine «el cerebro pequeño». La conexión constante entre ambos crea una dependencia sólida y un vínculo fuerte que entreteje nuestros pensamientos con nuestras emociones.

El corazón está en todo momento transmitiendo percepciones al cerebro y despertando con ello nuevas perspectivas y emociones. Dispone de una plétora de información para compartir y anhela ser detectado y escuchado. ¡Se comunica más él con el cerebro que este con él! Por ello, es importante señalar que su sabiduría en nuestra vida es una confirmación dinámica de que intuición y sentimientos son elementos válidos y esenciales para nuestro bienestar general. Con una orientación sabia en todas las decisiones, sus toquecitos intuitivos nos ayudan a comprendernos mejor a nosotros mismos y al mundo que nos rodea.

La vida está llena de situaciones complicadas que, en líneas generales, escapan a nuestro control. La inteligencia del corazón nos ayuda a volver a alinearnos con el Espíritu, nos asegura unas relaciones mejores, sortea las dificultades con discernimiento y descubre nuevos niveles de crecimiento personal. Cuando aprendemos a acceder a este *conocimiento*, que se considera algo innato, podemos disfrutar de una existencia más positiva, armoniosa y equilibrada, algo muy importante para nosotros y para aquellos con los que la compartimos. El corazón produce un impacto significativo en nuestro estado físico, emocional y mental gracias a su diálogo constante con la mente.

Es el primer órgano que se desarrolla en el embrión y posee un campo magnético tan intenso que sobrepasa nuestra piel en un radio de un metro: crea a nuestro alrededor una circunferencia completa de un magnetismo potente, magnífico y hermoso que perciben tanto los espíritus como los seres humanos. Su fuerza y su enigmática e invisible producción se están todavía descubriendo.

Los filósofos, tanto antiguos como modernos, creen que es el «asiento del alma», un lugar de descanso seguro e intuitivo. La famosa frase de «sigue lo que te dicte el corazón» contiene un consejo práctico; significa que debes ser consciente de los mensajes que recibes y acceder a tu intuición, tu amor y tu alma, porque son esenciales para ser receptivo al mundo de los espíritus. Nuestra intuición es la «voz del alma».

Las cosas más importantes de la vida no pueden percibirse a simple vista. Para estar más cerca de lo eterno, has de estar más cerca de tu corazón. Aquí tienes un secretillo que siempre he tenido claro: «La única forma de ver las cosas tal y como son es a través del corazón, no de los ojos».

Aunque lo que estoy diciendo pueda parecer misterioso y místico, piensa en el consejo del renombrado pensador y científico Albert Einstein: «No permitas que tu cerebro interfiera con tu corazón». Él entendía el equilibrio entre ambos. Con el tiempo, me he dado cuenta de que, cuando accedemos a la inteligencia del corazón, nos conectamos más con nuestro auténtico yo.

Si eres un buscador espiritual, lo anterior es importante, porque te permite comprender la clave para alcanzar tu auténtico potencial. Puedes cultivar un equilibrio entre el pensamiento racional y el corazón acallando la mente y abriendo el conocimiento intuitivo. Integrar la conexión entre el corazón y la mente con tu *conocimiento* espiritual representa expandir tu conciencia al más allá.

Ahora que ya hemos aprendido la importancia de ser conscientes de los mensajes intuitivos de nuestro corazón y de saber que entrar en el espacio del alma es esencial para conectarse con los espíritus, ha llegado el momento de empezar. El primer paso para aprender cualquier cosa nueva es la disposición, y lo mismo sucede a la hora de establecer una relación directa con tus seres queridos en espíritu.

SUPERAR LAS CREENCIAS LIMITANTES

Para tener éxito en las comunicaciones con el otro lado, debes estar dispuesto a aprender a usar las herramientas necesarias. Debes practicar y tener paciencia mientras lo estás haciendo. En pocas palabras, tienes que estar dispuesto a *probar*.

Los espíritus no interfieren con tu libre albedrío, de manera que, si insistes en que careces de la habilidad para comunicarte con el mundo invisible, lo más probable es que jamás lo consigas. Pero te aseguro que todo el mundo puede ser creativo y también comunicarse con sus seres queridos en espíritu; ambas cosas son derechos consustanciales a todos nosotros. No es que no tengamos esa capacidad, sino que no *creemos* tenerla.

Las creencias limitantes pueden adoptar muchas formas y variar según cada individuo. Algunos, por ejemplo, pueden creer que no están suficientemente dotados o conectados y que solo determinadas personas poseen la habilidad de comunicarse con los espíritus. Otros tienen miedo a lo desconocido o se muestran escépticos ante cualquier cosa *vista* más allá del plano físico; lo perciben como algo peligroso o imposible. Estas creencias pueden producir obstáculos emocionales y mentales que entorpecen, retrasan o incluso impiden la comunicación entre los vivos y el mundo espiritual. Pueden obstaculizar la llegada de las señales sutiles de comunicación y los mensajes que sus seres queridos estén intentando enviarles a diario.

En mi trabajo como médium intuitiva, he sido testigo de que las creencias limitantes pueden interferir en la comunicación con el mundo de los espíritus. Una parte de mi labor consiste en ayudar a otras personas a superarlas, procesarlas e identificarlas. Mi objetivo es crear un entorno seguro y alentador a través de un estímulo suave en el que mis clientes puedan recibir mensajes de sus seres queridos. Estas prácticas ayudan a muchos a superar conceptos o miedos preconcebidos. Sigo comprobando que, a medida que la comunicación con el mundo espiritual va haciéndose más accesible para ellos, también se va volviendo más significativa.

Es fundamental recordar que, cuanta más fe o creencia invirtamos en el mundo invisible, más se nos revela. Todos podemos entender el mundo físico y las realidades que nos rodean, pero el invisible nos presenta opciones esperadas e inesperadas.

El doctor Wayne Dyer decía a menudo: «¡Lo verás cuando lo creas!». Eso significa que puedes hacer con tu vida *todo* lo que quieras si lo *crees*. El Espíritu no te empuja a creer si no estás preparado. Hace falta mucho tiempo para procesar el dolor y las emociones que surgen de la pérdida. Tu disposición a aventurarte y creer aparecerá en su debido momento. Desarrolla la paciencia y practica. El dominio requiere paciencia y dedicación, y con la comunicación con los espíritus sucede lo mismo. Todo se vuelve más evidente cuando tu conciencia aumenta.

ELEVAR NUESTRA VIBRACIÓN

El plano espiritual vibra a una frecuencia mucho más elevada que la que tenemos aquí en la tierra. Para conectarnos con el otro lado, lo más importante que debemos dominar es la forma de incrementar el estado de nuestra vibración, porque eso nos aportará una sensación más clara de lo que los espíritus están intentando comunicar.

Las emociones determinan las vibraciones y cada una de ellas equivale a un nivel diferente de frecuencia energética. El amor es la vibración más elevada, mientras que el miedo es una de las más bajas, seguido de cerca por emociones fuertes, como la ira, el dolor y la vergüenza.

Nuestros sentimientos son válidos y debemos movernos entre ellos, tanto entre los positivos como entre los negativos. Nuestro objetivo no es evitar los más intensos, sino entrar en ellos y permitir que esas emociones se expresen y se transformen. Para conectarnos con nuestro corazón es fundamental que hagamos todo lo que esté en nuestra mano para trabajar nuestras emociones dolorosas y elevar nuestra frecuencia, porque eso, a su vez, crea una conexión más fuerte con la conciencia espiritual.

Nuestros seres queridos pueden captar nuestra energía y conectarse con ella más fácilmente cuando nuestra vibración aumenta. Puedes elevarla descansando, practicando una actitud de agradecimiento, tocando un instrumento musical, riendo, bailando o haciendo cualquier cosa que suponga un acto de autocuidado auténtico o de alegría. Y, por supuesto, sería negligente si no mencionara la meditación, uno de los métodos más potentes para incrementarla, porque te ayuda a acallar la mente y calmar las emociones. Practicarla te vuelve más receptivo a los mensajes telepáticos que tus seres queridos puedan estar intentando transmitirle.

La expresión «solo buenas vibraciones» no es simplemente una frase positiva; tiene un significado importante en nuestra vida. De todas formas, como el sufrimiento es inherente a la existencia humana, no siempre podemos alcanzar este objetivo. De hecho, puede resultar virtualmente imposible sentir alegría cuando estamos en mitad de un duelo que nos entumece el corazón.

El dolor es una vibración densa y puede actuar como un muro que dificulta el contacto con la persona por la que estás de duelo. Ten paciencia y trátate con amabilidad si ese es el estado en el que te encuentras en este momento. Estás en la situación más dolorosa y vulnerable. Debes ser siempre consciente de que no podemos decidir cuándo terminamos con el dolor; su intensidad es la que decide cuándo él ha terminado con nosotros. No *fuerces* las soluciones.

Concédete clemencia y tiempo para entender la manera de conectarte. Recuerda que las soluciones *forzadas* no son nunca *buenas*. La conexión se producirá si no dejas de estar comprometido. A veces se tarda un tiempo, y eso es absolutamente normal. Aprende a confiar en que sucederá y luego deja que el proceso se vaya desarrollando. En el próximo capítulo profundizaremos más en el tema del duelo, pero, por ahora, debes saber que, si lo estás viviendo, es fundamental que seas amable contigo y que muestres compasión por ti mismo en estos momentos tan difíciles.

De todas formas, también es importante entender que permitir momentos de alegría en medio del duelo puede facilitar el acercamiento de aquellos seres queridos del mundo espiritual. Imagina a una persona que se encuentra haciendo algo en otra habitación de la misma casa en la que tú estás; ¡cuando escuche la risa y la música, quizá quiera salir a ver qué está sucediendo! Esa es la vibración que debemos enviar a nuestros seres queridos en espíritu. Por supuesto, no niegues nunca tu dolor ni tu necesidad de hacer el duelo, pero está bien sentir otras emociones, aunque solo sea por un momento.

Durante el duelo, puede resultar difícil percibir mensajes o señales de tus seres queridos, pero eso no significa que no estén intentando comunicarse contigo, sino solo que tu dolor tiene una vibración tan baja que puede estar impidiéndote percibirlos. Su objetivo es consolarte y recordarte que están aquí y que te quieren. Utilizarán los medios que sean necesarios para lograrlo, aunque eso signifique hablar con otra persona porque en ese momento no pueden llegar hasta ti. Es posible que se pongan en contacto con alguien a quien quieras, con un familiar, con un amigo o incluso con un extraño. Quieren que sepas que te aman y te valoran. Recuerda que, en realidad, solo están a un latido del corazón de distancia, observando y esperando pacientemente para comunicarse contigo.

LAS DIFERENCIAS ENTRE LOS GUÍAS ESPIRITUALES
Y LOS SERES QUERIDOS

Constantemente me plantean preguntas habituales como: «¿De verdad mi ser querido está llegando a mí?», «¿Cómo sé que de verdad es él?», «¿Cuál es la diferencia entre un guía espiritual y alguna otra entidad que pueda estar entrando?», «¿Es cierto que recibimos mensajes optimistas de nuestros guías espirituales y creemos que son nuestros seres queridos?». Vamos a ver la forma de diferenciar entre los guías y los seres queridos, porque es fundamental para comunicarnos de manera eficaz con nuestros familiares y amigos del otro lado.

Los guías espirituales son nombrados por nuestra alma antes de que nazcamos para que nos ayuden en nuestro camino. Están con nosotros para guiarnos, llamándonos la atención hacia lo positivo durante toda nuestra vida, para mantenernos en el buen camino. También intentan protegernos de las decisiones, pensamientos y actos negativos. En general se comunican con nosotros a través de pensamientos *telepáticos*, pero también pueden acudir en sueños y durante la meditación. A diferencia de un pariente o un amigo difunto, han sido nombrados por nosotros para *guiarnos* a lo largo de esta vida. Aunque no pueden impedirnos elegir de manera equivocada, ni es esa su finalidad, sí pueden en ocasiones *desviarnos* de esas malas decisiones e intentar conducirnos hacia otras mejores.

Hay una diferencia entre recibir mensajes de ellos o de los seres queridos difuntos. Ambos proporcionan detalles e información valiosos, pero tienen unas intenciones y unos métodos de comunicación diferentes. Nuestros guías espirituales suelen ofrecer orientación y consejos que nos ayuden a encontrar el camino a través de los desafíos de la vida, mientras que los seres queridos nos confirman que siguen estando muy vivos.

Ambas comunicaciones pueden aportar consuelo y sanación a la persona que ha sufrido la pérdida.

Nuestros seres queridos, ahora en espíritu, tienden a encontrar formas de hacernos saber que siguen estando con nosotros, que el amor no termina jamás y que continúa más allá de nuestro plano físico. Lo más habitual es que comuniquen su presencia en nuestro mundo tangible dejando en nuestro camino monedas, plumas, palabras, números u objetos significativos. Pueden aparecer en sueños vívidos o incluso enviar mensajes telepáticos que provoquen una sensación de amor, apoyo y orientación. Quizá no sean capaces de transmitir consejos concretos, pero saber que siguen estando con nosotros y que el amor trasciende al tiempo y al espacio puede darnos seguridad en momentos difíciles y aportarnos una sensación de continuidad y paz.

El mundo invisible es enorme y trabaja al unísono con nuestro mundo físico para que conozcamos mejor quiénes somos y cuál es nuestro propósito en la tierra. Los mensajes que recibimos de los seres queridos que han partido o de los guías espirituales deben abordarse con la mente y el corazón abiertos. Confiar en ellos y en las señales puede ayudarnos en este viaje espiritual, guiarnos hacia la paz interior y permitirnos alcanzar un mayor conocimiento de *nuestra* interconexión.

Con respecto a la comunicación, he tenido encuentros personales y también el *honor* de escuchar y documentar innumerables experiencias de clientes que han sido capaces de acceder a esos mensajes, demasiado detallados o concretos para pensar en una coincidencia. Estas formas de comunicación pueden ser sumamente personales y exclusivas de la relación experimentada en el mundo natural. La clave es estar abierto para recibirlos y reconocerlos como lo que son.

La presencia de un ser querido que ya ha hecho el tránsito puede resultar familiar o cómoda. Puedes percibir un *cono-*

cimiento o revivir un recuerdo de una imagen, momento, voz
o aroma. Es muy conveniente dar por supuesto que estas comunicaciones se están produciendo por una razón e incluir
cierta confianza en la experiencia, porque su intención suele
ser amar, consolar y guiar. Por el contrario, un guía espiritual
no conlleva ni aporta ese sentimiento *familiar* ni ese nivel de
consuelo. Así es como distingues entre ambos.

FORMAS EN LAS QUE SE COMUNICAN NUESTROS SERES QUERIDOS

Los seres queridos difuntos ya no pueden comunicarse a
través del lenguaje, como solían hacerlo en su vida cotidiana,
por lo que intentan ponerse en contacto mediante símbolos,
imágenes, señales, canciones, sueños, la manipulación de la
electricidad o de la radiofrecuencia o dando a conocer su presencia mediante el tacto o el sonido, el olor, y, en algunos casos, hablando a través de otras personas o del estado de alerta
de los animales. Aunque la comunicación de cada individuo
con el mundo espiritual es exclusivamente suya, a continuación te muestro algunas de las formas más comunes con las
que a nuestros seres queridos les gusta comunicarse desde el
otro lado:

— **Percibir su presencia:** Sentir una presencia invisible es
una forma intuitiva de saber que el Espíritu está cerca. Puedes
tener un *conocimiento interior* de que no estás solo en la habitación. Sencillamente, lo sientes. Sin *ver* físicamente a nadie
ni nada, lo sabes. Puedes sintonizarte con su estado emocional
o percibir a tu lado su presencia, que intenta compartir y comunicarse. Luego, tan rápidamente como ha llegado, se va.

Estos casos pueden descartarse fácilmente como si no fuesen nada, pero te aseguro que son algo. Permítete a ti mismo

la oportunidad de confiar en estos momentos y de acercarte a ellos y estas visitas empezarán a suceder más a menudo y se volverán más reconocibles. *Percibir* su presencia y reconocerla da espacio para más comunicación.

— **Fragancia:** ¿Alguna vez has notado el *aroma* de la colonia o del perfume de un ser querido difunto? ¿El olor de su comida o de su flor favorita? ¿El del humo de tabaco cuando no hay nadie cerca fumando? Sea cual fuere la fragancia, cuando proviene de un espíritu, sale de la nada sin un punto de origen evidente. Los espíritus utilizan todos nuestros sentidos para comunicarse, y el olfato no es ninguna excepción. La parte complicada es *encontrar el sentido a nuestros sentidos*.

— **Cambios de temperatura:** Los cambios drásticos de temperatura en una habitación son también una señal habitual de que hay un espíritu cerca. Si notas una corriente de aire frío que no viene de ningún sitio o que de repente un rincón de la habitación está mucho más frío que el resto, lo más probable es que los espíritus estén cerca. Es lo que denomino «el factor escalofrío», y siempre lo percibo en mis sesiones de mediumnidad. ¿A qué se debe? Según una teoría, la energía que necesita el espíritu se extrae de la zona en la que se encuentra; se transfiere energía calorífica y esa falta de calor produce frío. Sea cual fuere la razón científica, las ráfagas salidas de la nada significan, efectivamente, que los espíritus están cerca; ¡doy fe de ello! Por tanto, no ignores los escalofríos que sientas cuando estés pensando o hablando de algún difunto querido; significa que te está escuchando y que se encuentra a tu lado.

— **Música:** ¿Alguna vez has estado pensando en alguien que ha fallecido y, de repente, una canción que te lo recuerda (ya sea porque la compartíais o porque a él le encantaba) empieza a sonar sin venir aparentemente a cuento? Al instante *percibes* que está contigo…, porque así es. Es posible incluso que la canción te persiga y empieces a oírla por todas partes, demasiado a menudo como para que sea una coincidencia. Recuerda que la música es uno de los lenguajes del mundo de los espíritus y que a ellos les encanta enviar mensajes a través de este medio que ambos planos compartimos.

— **Globos:** ¿Alguna vez has visto por el rabillo del ojo algún tipo de sombra o de bola de luz parpadeante? Quizá no en tiempo real, pero sí en una foto que acabas de hacer. O quizá en el monitor del bebé veas un globo sobrevolando la cuna, suspendido en el espacio, vigilando a tu hijo.

Las personas materialistas te dirán que son ilusiones ópticas o polvo, pero cualquiera que tenga una mirada espiritual te asegurará que muchos son, en realidad, espíritus que se nos están *revelando* visualmente. Si en algún momento acudes a un lugar conocido por su actividad paranormal y haces fotografías, verás multitud de globos, y eso no tiene nada de coincidencia o imaginación. Además de estos globos, a veces puedes distinguir la forma de un ser querido; ¡les entusiasma unirse a las fotografías familiares!

— **Apariciones:** Cuando los espíritus se revelan, a veces se muestran como apariciones parciales o completas. Una aparición es «una visión inusual o inesperada». Verlas no es habitual, pero, cuando lo haces, todas tus dudas acerca del mundo espiritual y la continuación de la existencia de tu ser querido se desvanecen. Parecen un holograma, como si estuvieran de pie ante ti, tan cerca que casi podrías tocarlos. Unas veces desaparecen en un abrir y cerrar de ojos y otras permanecen a la vista durante un tiempo, pero el espíritu que se aparece siempre tiene un aspecto sano y luminoso.

— **Tacto:** Los espíritus se comunican con nosotros a través de todos los sentidos, incluido el tacto. ¿Alguna vez has sentido un toque amoroso, un empujoncito o una presión en algún lugar de tu cuerpo? Es posible que incluso te dieras la vuelta y pensaras que te habías vuelto loco, porque no ves a nadie. Sin embargo, sí que hay alguien: es un espíritu, que te está saludando.

— **Interferencia eléctrica y movimiento material:** Luces que se encienden y se apagan, emisoras de radio que cambian, cuadros u otros objetos que se caen de las baldas sin motivo aparente: todas estas manifestaciones materiales son formas habituales que tienen los espíritus para comunicarse con nosotros. Sí, pueden pillarnos desprevenidos y asustarnos, pero debes saber que tus seres queridos no intentan nunca atemorizarte. Muchas veces, los objetos que se mueven están relacionados con el difunto (quizá una fotografía suya o algo que le perteneciera), lo que te hace saber que está ahí contigo. ¡A alguien que conozco le estuvieron parpadeando las luces en todas las habitaciones de la casa poco después de la muerte de su madre!

— **Hablar con nuestros hijos:** ¿Alguna vez has visto a tu hijo pequeño jugando, riendo y charlando *consigo mismo?* ¡Déjame que te diga que los amigos imaginarios no son tan imaginarios! Es posible incluso que oigas a tu hijo decir el nombre o el apodo del difunto, o que lo identifique en una fotografía aunque no llegara a conocerlo.

Los niños permanecen muy cerca del mundo espiritual, lo que los convierte en una vía de comunicación *fiable*. Nos vendría muy bien empezar a escucharlos con la mente abierta y creerlos cuando nos cuentan lo que ven y oyen. A los que están conectados les encanta jugar con sus espíritus amigos, *¡lo sé muy bien!*

— **Simbolismo:** Una de las formas que más utilizan los seres queridos en espíritu para comunicarse es a través de *símbolos*. Nos envían a menudo señales que representan algo que nosotros entendemos. Entre los más habituales están las mariposas, las plumas, los arcoíris, las monedas con fechas significativas, los números repetidos y los pájaros de todo tipo. Eso sí, recuerda que puede ser cualquier cosa que resulte significativa para ellos o para ti, así que no limites tu pensamiento.

Sea cual fuere la señal, suele aparecer de manera inesperada. La importancia estriba en la forma en la que se manifiesta. Imagina, por ejemplo, que observas que un colibrí aparece regularmente en el punto exacto en el que tu marido y tú solíais tomar el café por la mañana y charlar un ratito. En ese caso, esta experiencia es mucho más significativa que el simple hecho de ver uno en un árbol cercano. El primero puede ser una *señal* de la presencia de tu marido o un mensaje del mundo espiritual, mientras que el segundo es sencillamente un suceso habitual en la naturaleza.

— **A través de un médium evidencial:** Un médium puede comunicarse con un ser querido en espíritu y aportar *evidencia* de que sigue existiendo y está presente en tu vida incluso después de muerto. Esta evidencia debe ser tan clara que te ayude a identificar, sin sombra de duda, al alma que se está haciendo presente. *Saber* que el que se está comunicando es tu ser querido es tan importante como los mensajes que transmite. Estos deben tener un significado concreto para que el cliente pueda reconocer la existencia continuada de su difunto. ¡Muchos me dicen que una hora de línea directa con su ser querido en espíritu es mejor que un año de terapia!

— **Sueños:** Las visitas de nuestros seres queridos en sueños son una experiencia profunda y una señal muy común, porque esta es una vía más accesible para ellos si desean hablarnos. El velo que separa su mundo del nuestro es más delgado cuando nuestra mente está en reposo. Mientras duermes *no estás pensando*, sino que estás en el espacio de tu corazón, ese lugar misterioso donde reside tu *conocimiento*, por lo que te encuentras de manera natural en un estado más receptivo. Una mente en reposo elimina barreras y limitaciones, lo que hace que estemos más abiertos a los mensajes del plano espiritual.

A diferencia de un sueño normal que se olvida fácilmente, las visitas en sueños son reales y eres capaz de recordar cada detalle. Sencillamente *sabes* que eran ellos en espíritu. Es maravilloso poder abrazarlos y conversar una vez más para decirles que les quieres y, a su vez, que ellos te puedan decir lo mismo. Sin embargo, si en el sueño experimentas algún miedo o alguna emoción de baja vibración, como me sucedió a mí cuando mi madre hizo el tránsito, debes saber que no es una verdadera visita, sino tu propio dolor y tu aflicción, que están siendo procesados a través del sueño.

Si todavía no has tenido una de estas visitas, ¡debes saber que resulta útil pedirles que acudan! Antes de dormirte, medita sobre un recuerdo que tengas con ellos. Y, si no se produce directamente, vuelve a probar la noche siguiente y la siguiente. Recuerda que ellos también están aprendiendo a llegar a ti y su mayor deseo es conseguirlo. Confía en el proceso y no te rindas.

— **Llamadas de teléfono:** ¡Por increíble que parezca, puedes incluso recibir llamadas telefónicas y mensajes de tus seres queridos en espíritu! *De forma inesperada*, justo cuando estás pensando en ellos, te llega al teléfono una llamada o un mensaje con su nombre. Puede suceder incluso cuando hace muchos años que se fueron. En ocasiones se produce en un día muy especial o antes de algún acontecimiento señalado.

Suena el teléfono y aparece su nombre en la pantalla; al cogerlo, lo único que escuchas es silencio o interferencias.

Si te resulta difícil de creer, te aseguro que he sido testigo de ello con mis propios ojos... ¡y oídos! Varios de mis clientes han acudido a mí y me han mostrado mensajes de texto procedentes del número de su ser querido fallecido, aunque esa línea ya no estuviera en servicio. En todos los casos, habían pedido una señal y..., ¡bum!, aparecía en la pantalla un texto con el nombre y el número de su ser querido. Estas formas de comunicación son raras, pero, como podrás imaginar, *intensas*.

— **Números angelicales:** Ver números repetidos en el teléfono o el reloj o en placas de matrículas es una forma de comunicación que a los espíritus les resulta fácil. Son lo que se conoce como números angelicales y suelen aparecer en secuencias como 1212, 111, 333, etc. Puedes ver los mismos durante semanas seguidas a una hora o en un lugar concretos.

— **Reuniones familiares:** Las reuniones familiares son ocasiones en las que a los espíritus les encanta estar presentes y unirse a la diversión. Están llenas de amor y risas, y tienen una vibración elevada que facilita la conexión. Permite que *cualquier cosa* que te llegue en esas circunstancias de mucha energía fluya a tu espacio del corazón. No descartes ninguna información que recibas en esos momentos.

PERDERNOS LOS MENSAJES

Mucha gente viene a mi despacho creyendo que sus seres queridos *no* quieren comunicarse con ellos, porque no han recibido ninguna señal desde su fallecimiento. Cuando empezamos a hablar, suelen darse cuenta de que, en realidad, sí las han recibido, pero no confiaron en ellas y, por tanto, las descartaron. O ven que habían estado bloqueando los mensajes porque creían que no podían ser señales; sus creencias limitantes y la baja vibración del duelo estaban entorpeciendo cualquier conexión. No olvides nunca que te quieren y que desean comunicarse contigo.

Siempre comparo este proceso de comunicarse con los espíritus con el niño que tira de la pernera del pantalón de su madre diciendo una y otra vez: «¡mamá, mamá, mamá!». Esta está ocupada guisando, pensando en todas las cosas que tiene pendientes, y no le presta atención. El niño sigue demandándola, pero la madre no responde porque está preocupada.

Un cuarto de hora más tarde, cuando ya no está haciendo nada, puede preguntarle al niño qué quería o deseaba contarle, pero, al haber pasado el tiempo, este quizá no se acuerde y le responda:

—Se me ha olvidado, pero además no me estabas atendiendo.

Es algo muy parecido a lo que sucede cuando nuestros seres queridos intentan comunicarse con nosotros: con frecuencia estamos demasiado ocupados con los asuntos cotidianos como para prestarles toda nuestra atención.

Debes hacer un esfuerzo por evitar dar a tus seres queridos en espíritu la impresión de que no te interesan, de que no estás atento, de que estás demasiado distraído o de que no crees en sus esfuerzos por comunicarse. Prestar mucha atención y confiar en sus mensajes puede potenciar significativamente tu capacidad para ponerte en contacto con ellos.

Si están intentando llegar a ti, mantener el corazón y la mente abiertos se lo pondrá más fácil. Sé consciente de las voces que escuches dentro y fuera de tu mente. Considera que las cosas poco habituales que has *visto, sentido, oído y experimentado* son reales, no coincidencias. No des por supuesto que no son más que jugarretas de tu imaginación. Si te viene algo a la mente, confía en ello, en lugar de pensar: «Esto es solo lo que yo creo que diría; no es realmente él».

Es fundamental que accedas al «pequeño cerebro» de tu corazón para hablar con ellos, porque el amor es la especialidad de este órgano y el lenguaje del mundo espiritual. Tanto si tenemos un cuerpo físico como si no, el amor perdura y quiere que seas consciente de él. Quiere expresarse y, por tanto, hará cualquier cosa por llegar a ti. ¡Y lo conseguirá! Hasta ese momento, sigue sanando, practicando y prestando atención. Continúa dando un paso tras otro en el largo camino hacia la conexión de tu corazón con los espíritus que están *esperando* para compartir su amor.

EN SUS PROPIAS PALABRAS
Karen D.

Hace unos dos años, el día de mi cumpleaños, compré una de las sesiones de mediumnidad de Susan de una hora para hablar de mi madre, que había fallecido, y ver si tenía algo que decirme. Y, por supuesto, así era; la lectura resultó alucinante e increíble. Me entusiasmó cada segundo. Fui tomando notas y al final, justo antes de terminar con la llamada de Zoom, Susan insistió en que mi madre me iba a mandar un globo como señal. Parecía un poco raro —incluso Susan opinó que era extraño—, ¡pero eso fue lo que dijo!

Al día siguiente fui a Laguna Beach a celebrar mi cumpleaños con mis hermanos y le hablé a mi hermana de la lectura. Le leí todas las notas que había tomado.

Ella se entusiasmó al oírlo, y evidentemente yo también estaba superexcitada, porque había sido alucinante eso de que supuestamente iba a recibir algún tipo de señal en forma de globo.

No estaba segura de que fuera a suceder, pero, cuando nos íbamos de la playa y yo subía la cuesta hacia mi coche, ¡albricias!, debajo de él había un globo blanco flotando cerca de la rueda de atrás, junto al maletero. Como tenía que meter cosas, supe que mi madre lo había colocado ahí porque quedaba completamente a la vista al subir la cuesta.

¡Como podrás imaginar, casi me vuelvo loca! Cogí el globo. Estaba un poco desinflado, pero todavía bien, y empecé a gritar a mi hermana, que se estaba montando en su coche, un poco más abajo.

—¡Mira! ¡Mira! ¡Tengo mi globo! Mamá me lo ha enviado, tal y como dijo que haría. ¡Susan tenía razón!

Me lo llevé a casa, hablé con él y lo conservé todo lo que pude. Evidentemente, con el tiempo perdió el aire, ¡pero todavía lo guardo! ¡Fue un recuerdo increíble! Jamás olvidaré esa señal de última hora creada a propósito solo para mí.

EN SUS PROPIAS PALABRAS
Melissa B.

Unos años después del fallecimiento de mi madre, estábamos poniendo los adornos de Navidad y vi una preciosa mariposa monarca flexionando las alas sobre un macizo de margaritas justo delante de mí. No se iba; me dejó llegar hasta ella y grabarle un vídeo. Le dije a mi marido que sabía que era mi madre. La Navidad era su época favorita.

Después de ese día, las mariposas acuden a mí en algunos momentos complicados y sé que es ella que me manda su amor para hacerme saber que sigue estando conmigo. Ocho años más tarde, cuando acudí a Susan para que me hiciera una lectura, me dijo:

—Tu madre te envía mariposas.

¡Me quedé absolutamente anonadada!

EN SUS PROPIAS PALABRAS
Kathleen S.

Pocos días antes del primer aniversario de la muerte de mi marido, acudí a Susan para que me hiciera una lectura. Me dijo que mi marido quería decirme lo mucho que me quería y que sentía haberme dejado tan de repente. Según me comunicó, él le decía que siempre estaba cerca de mí y que le encantaba enviarme pájaros: «Este va a actuar de manera distinta, no como los que solemos ver siempre. Te los envía para hacerte saber que está ahí, a tu lado».

La noche siguiente, di un breve paseo alrededor de la manzana y oí un extraño chillido que no fui capaz de identificar. Pensé que a lo mejor era un ladrido y me despreocupé. A la mañana siguiente, cuando estaba metiendo a los perros en el coche para llevarlos al veterinario, volví a oír el mismo chillido. Me di la vuelta y vi un hermoso pavo real que paseaba por nuestra calle. Subió incluso por el camino hacia mi casa y entró en mi jardín.

La hija y el nieto de mi marido lo vieron allí cuando vinieron, algo más tarde, para pasear a los perros. También apareció en mi casa el día que volví de vacaciones y la hija de mi marido fue a buscarme al aeropuerto mientras su hijo se quedaba en casa.

Tiempo después, cuando fui a ver a Susan para otra lectura, poco antes del segundo aniversario del fallecimiento de mi marido, le hablé de las visitas del pavo real. Me dijo que lo más probable era que mi esposo no pudiera volvérmelo a mandar en los dos días siguientes, pero que estuviera al tanto las próximas dos semanas y se lo hiciera saber, porque «sería algo realmente fantástico».

Unas semanas más tarde, fui a Hawái a pasar un fin de semana largo con mi amiga Cathy. Yo estaba muy ilusionada porque nunca había ido allí. Mientras desayunábamos el segundo día, vi que a Cathy se le saltaban las lágrimas al leer el móvil. Me contó que su hijo estaba en un acto que el difunto padre de ella habría disfrutado y que le había enviado un mensaje de texto para decirle lo mucho que echaba de menos a su abuelo.

Mientras volvíamos al hotel, Cathy vio una mariposa y dijo:

—Hola, papá.

Luego se volvió hacia mí y me explicó:

—Es una señal de mi padre. Me envía mariposas en el Oeste y pájaros cardenales en el Este.

Conocía mi historia con el pavo real y le dije que me gustaba el hotel en el que estábamos hospedadas sobre todo porque los cuadros históricos de la recepción incluían algunas de estas aves.

Regresamos a la habitación y estábamos charlando de todo y de nada cuando la decoración de la habitación me hizo detenerme de pronto. El motivo del papel azul claro de la pared detrás de las camas eran unas grandes plumas de pavo real.

Tras pensarlo un poco, creo que sé por qué mi marido eligió estos pájaros como símbolo para demostrarme que sigue estando conmigo. El verano después de su fallecimiento, estaba ocupada con unos proyectos domésticos y encargué unos trabajos en el jardín de atrás. Compré unos muebles nuevos con almohadones azules y varios pavos reales metálicos pequeños como decoración. Enviarme estas aves y dibujos de ellas es la forma que tiene de saludarme a mí y a nuestro hogar, y de mostrarme su amor.

EN SUS PROPIAS PALABRAS
Amy y Allison

De Amy: En mayo del 2020 perdimos a mi mejor amigo, el padre de mis hijos, que se suicidó. Fue para nosotros una época de mucho miedo e incertidumbre. Una noche decidimos asistir a un acto en vivo con Susan, que eligió a mi hija Allison para la primera lectura. Nos dijo cosas que solo él sabía y nos indicó señales que debíamos buscar. Solo hablamos durante cinco minutos, o menos, así que decidimos concertar una cita con ella para obtener más información.

Durante la lectura, Susan no sabía gran cosa de lo que estaba sucediendo en nuestra vida, pero por alguna razón se dirigió a mi hija Emily. Su padre solía llamarla Em, y así fue como Susan lo hizo todo el tiempo. Nos dijo que la primera letra del nombre de la persona que nos faltaba empezaba con J y creyó que le estaba diciendo Juan cuando, en realidad, se llamaba Jon.

También le comunicó que le gustaba tomarme el pelo apagando las luces y me preguntó si podía olerle. Al principio, aquello me pareció muy extraño, pero resultó que sí podía hacerlo. Era fumador y, desde que falleció, yo he estado constantemente oliendo el humo a mi alrededor, aunque nadie de mi casa fuma.

Sin que se lo dijéramos, Susan supo exactamente cómo había muerto, a pesar de que no se había anunciado en ningún sitio. Nos quedamos asombrados de que conociera esa información privada. Él siempre decía: «Voy a resolverlo», y lo dijo a través de ella en la lectura muchas veces. También nos transmitió que estaba en un buen lugar, feliz y sin dolores.

Susan nos indicó que buscáramos un cuervo como señal de Jon, un cuervo negro y solo. Ahora vemos cuervos negros solos constantemente. El otro día había cientos en los árboles que están por encima de nuestra casa, y nosotros éramos los únicos que los teníamos en toda la manzana. Nos gusta creer que Jon compartió con nosotros a todos sus «amigos» en los árboles para demostrarnos que está contento.

De Allison: Me fui de viaje con mi novio a San Francisco e hicimos una parada en Carmel. Estábamos sobre unas rocas contemplando el mar cuando observamos un cuervo posado justo a mi derecha. Siempre que eso sucede, sé que mi padre, Jon, está presente, porque, en nuestra lectura con Susan, ella nos dijo: «Se muestra enviando un cuervo». La lectura nos ayudó a ver las señales que debemos buscar y ahora le vemos y le sentimos constantemente con nosotros.

MOMENTO DE INTEGRACIÓN

Adquirir inteligencia del corazón

Nos conectamos a través del alma; nos unimos a través del corazón. Si puedes ponerte en contacto con tu espacio en el corazón, puedes conectarte también con tu alma y con otras a las que quieres. Para comunicarte con tus seres queridos difuntos a través del corazón, es fundamental que superes las creencias limitantes. Recuerda que no existe ninguna forma correcta o incorrecta de hacerlo, pero te invito a que elijas cualquiera de las siguientes propuestas para conseguirlo:

- ¿Qué significa para ti la expresión «creencias limitantes»?
- ¿Qué fue lo que creó las tuyas?
- ¿Te sirven ahora?
- Haz una lista de algunas de las formas en las que puedes liberarte de las creencias que te impiden permitir que tus seres queridos difuntos entren en tu campo energético para conectarse contigo.

- ¿Crees que las almas son eternas? Si no es así, ¿en qué razonamiento te basas?
- Nombra algunas de las formas en las que el miedo te ha impedido conectarte con tus seres queridos del mundo espiritual.

Ejercicios del capítulo

El Espíritu se comunica a través de nuestros sentidos, incluido el «sexto», que es nuestra intuición. Prueba estos ejercicios para abrir la vía de comunicación con tus seres queridos en espíritu:

- La psicometría es la capacidad de leer información a través del tacto. Puede ser un medio muy potente de acceder a la energía de tu ser querido. Se cree que los objetos pueden albergarla y que la que se queda te ofrece una línea de comunicación. Aférrate a un objeto que sea significativo para tus seres queridos. Se cree que su energía deja una impronta duradera que permanece en los objetos que más les gustan.
- Hazles saber que estás intentando comunicarte con ellos. Un objeto puede ser una enredadera para su alma, exactamente igual que tu amor. Háblales y pídeles señales. Si no tienes ningún objeto de tu ser querido, ve a un lugar que le gustara y quédate allí un rato hablando con él. Los recuerdos crean un vínculo entre su conciencia y la tuya.
- La escritura automática abre las vías energéticas, y eso ayuda a ejercitar la parte del alma que se comunica con lo invisible. Accede a tu espacio del corazón, que es el

lugar donde se aloja tu alma. Empieza el ejercicio colocándote la mano sobre él y pidiendo a tus seres queridos que te envíen un mensaje. Despeja la mente y apoya el bolígrafo sobre el papel. Escribe todo lo que te llegue. No tienes que pensar en qué debes escribir, ni siquiera tienes que mirar el papel, y no debes volver atrás y consultarlo mientras dure ese proceso. Limítate a seguir escribiendo todo lo que te llegue hasta que no quede más.

- Recuerda que nuestros seres queridos se comunican de manera diferente a través de la escritura. Mientras estás anotando, tus expectativas pueden ser que tus seres queridos difuntos hablen como lo hacían cuando estaban vivos, pero eso es imposible. Puedes escuchar su voz o sencillamente saber lo que están intentando decir. Permite que los mensajes lleguen de manera automática.

- Mientras sigues escribiendo, estás liberando información y permitiendo que se mueva más allá de tus sentidos. Ten claras tus intenciones y habla desde el corazón antes de empezar. Haz unas cuantas preguntas y luego pon el bolígrafo sobre el papel. Recuerda que debes permitir que fluya de manera natural.

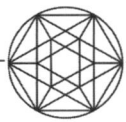

CAPÍTULO 9

Dominar el miedo, utilizar la intuición

EL TIEMPO QUE HE PASADO en el mundo de los espíritus me ha demostrado con claridad que en él *no existe* el miedo; no hay más que conciencia amorosa. Ahora bien, es evidente que en el mundo material en que habitamos, esto no es así. Este mundo físico, con sus innumerables peligros, resulta alarmante en muchos sentidos. No tienes más que poner las noticias de la noche para entender por qué muchas personas se mantienen siempre alerta de forma natural y viven en un estado de angustia, preocupación y miedo.

A pesar de las posibles amenazas de este mundo material, lo único que quiere el espacio espiritual es que vivamos aquí en la tierra una vida impulsada por la conciencia intuitiva y amorosa, sin la vibración del miedo. Debemos aprender a dominar nuestro temor y a utilizar la intuición. Ahora bien, ¿cómo distinguir exactamente la línea delgada que separa ambas percepciones? Saber distinguirlas suele ser la diferencia entre vivir y morir, y nada me lo ha enseñado tan bien como mi trabajo en el campo de la mediumnidad forense.

Este campo implica utilizar las habilidades como médium para aportar información evidencial del mundo de los espíritus que permita ayudar a familias, investigadores privados, policía u otros cuerpos de seguridad en casos de personas desaparecidas y crímenes sin resolver. Puede parecer un campo bastante amedrentador, porque aborda de manera directa algunas de las partes más podridas de la humanidad, pero, en el fondo, de lo que trata es de aprender a *desconectarse* del miedo ensordecedor que suele gobernarnos, para que podamos acceder a la voz callada e intuitiva del alma.

Antes de contar con experiencia profesional en este campo, tuve una vivencia personal que sentó las bases de gran parte de mi trabajo en él, y que ayuda también a preparar el camino para este capítulo.

INDICADORES PREVIOS AL INCIDENTE

En el año 2007 asistí a una fiesta celebrada por unos buenos amigos míos, los Guerreros, conocidos luchadores de WWE. Allí pasé un rato conversando con uno de los invitados, otro luchador famoso. Era la primera vez que le veía y no sabía nada ni de él ni de sus circunstancias. Había acudido con su mujer y su hijo pequeño, y, durante nuestra charla, me contó que tenía una lesión *grave* y persistente en la espalda, pero que no le quedaba más remedio que volver a la lucha para mantener a su familia. Aunque apenas le conocía, le sugerí más o menos que no regresara pronto. Esa vocecita intuitiva de mi interior me decía que podría suceder algo terrible si volvía demasiado deprisa al cuadrilátero.

Durante la conversación, su mujer me miró con preocupación, afirmando lo que yo percibía visceralmente. «Por favor, escucha y no vuelvas a trabajar», parecía estar pensando. Al momento supe que aquello no era solo una mala idea, sino incluso potencialmente mortal. Bueno, si eres aficionado a la

WWE sabrás que Chris Benoit regresó al trabajo y, un par de meses después, mató a su mujer y a su hijo en una tragedia horrible antes de poner fin a su vida.

Por entonces no lo sabía, pero fue una experiencia de mediumnidad forense, aunque la información me llegó *antes* del crimen. Situaciones como esta son lo que se conoce como «indicadores previos al incidente», acontecimientos y conductas que a menudo preceden a la violencia. Gavin de Becker, un experto forense, afirma lo siguiente en su libro *El valor del miedo*: «Al observar los indicadores previos al incidente, los individuos pueden predecir mejor la violencia antes de que se produzca y, por tanto, tomar las precauciones y acciones necesarias para mantenerse a salvo».

Aquel suceso me sacudió hasta la médula. De repente comprendí lo valiosa que podría ser la contribución de mi tiempo y mis habilidades en este terreno. De joven solía centrarme en intentar descifrar los misterios de casos importantes de personas desaparecidas, y en mis primeros años de adultez había realizado unas breves prácticas en el Centro Nacional de Niños Desaparecidos y Explotados. Ahora, sin embargo, estaba seriamente interesada en el trabajo forense, hasta el punto de entender que era una intrincada parte de mi propósito de vida. Por eso me zambullí en el aprendizaje del arte de la mediumnidad forense y la confusa relación entre miedo e intuición.

¿QUÉ ES EL MIEDO?

Muchas veces, la idea de que en el futuro podía suceder algo negativo no paraba de rondar por mi mente; sin embargo, a menudo dudaba de esa información, porque sabía claramente que mi cerebro podía jugarme malas pasadas. Por suerte, no todos nuestros pensamientos son premonitorios. Algunos están sencillamente enraizados en el miedo (es fundamental recordar que «Alimentas aquello a lo que temes»). Por eso, en el encuentro con Chris Benoit, ¿cómo iba yo a saber que la información que me estaba llegando era efectivamente una premonición nacida de la intuición y no del miedo? Como sugiere el título de este capítulo, el requisito previo para utilizar nuestra intuición es dominar nuestros miedos. Y, para ello, debemos entender primero qué es exactamente el miedo, porque la línea entre ambos puede ser muy borrosa.

Existen dos tipos: el miedo real y el ilusorio. El real es el que desencadena respuestas primarias que nos protegen. Por ejemplo, si una persona desconocida te estuviera persiguiendo por la calle, echarías a correr. Es el miedo *real* que hace que se muevan los pies. Está asentado en el momento presente y es esencial para nuestra supervivencia.

El ilusorio, por su parte, es la angustia por lo que podría ir mal, no por lo que te está sucediendo realmente ahora. Esta rama está cada vez más presente en nuestro mundo humano. Se asienta en el «y si» del futuro y no en la realidad del ahora y, si no lo superamos, al final nos acaba impidiendo vivir la vida al máximo.

Si eres como la mayoría de la gente, podrás recitar de un tirón una lista de cosas que temes, y lo más probable es que la mayoría de esos miedos, si no todos, sean ilusorios. Por eso, desde tiempo inmemorial, los sabios nos han aconsejado que los afrontemos para neutralizarlos. Cuando los dominamos, se despeja el camino para vivir una vida conducida por el Espíritu y guiada por nuestra intuición, que es lo que Él quiere para nosotros; ¡sin duda alguna, el secreto de la vida! Tal y como dijo el filósofo Ralph Waldo Emerson, «Aquel que no está todos los días venciendo algún miedo no ha aprendido el secreto de la vida».

Tanto los miedos ilusorios como los golpes de intuición están centrados en el futuro y, por tanto, pueden confundirse con facilidad. Aunque tendemos a internalizar los primeros como reales, solemos subestimar nuestras voces intuitivas. El mundo espiritual está siempre enviándonos señales de confirmación y precaución; el problema es que a menudo las descartamos considerándolas «coincidencias» o «paranoias». Por eso es fundamental entender la diferencia entre el miedo ilusorio y la intuición, para vivir una vida conducida por el Espíritu en un mundo que a veces da miedo.

Por tanto, ¿cuál es el truco para distinguir el miedo de la intuición? Lo primero es examinar los sentimientos viscerales. ¿Te sientes angustiado y abrumado? Entonces, es miedo. ¿Estás tranquilo y seguro? Es intuición.

Nuestra voz intuitiva nos llega como un pensamiento neutro. Aunque el mensaje puede asustar (por ejemplo, *esta persona no es segura*), la forma en la que nos llega es tranquila y basada en los hechos. No es necesariamente una información tranquilizadora, pero la *sensación* que provoca es de calma. Dicho de otra manera, no es un relato que haya creado tu mente angustiada y basada en el miedo, y con el que esté obsesionada, sino un mensaje de tu alma cuyo objetivo es guiarte o protegerte, a ti o a alguna otra persona.

La intuición es un conocimiento súbito, un entendimiento instantáneo de algo que, de otro modo, no te habrías planteado. Es *afirmación*, mientras que el miedo puede ser una energía muy oscura, pesada o aterradora.

Cuando estamos inmersos en el miedo ilusorio, nos hallamos siempre en alerta; sin embargo, cuando nos sincronizamos con nuestra intuición, nos situamos en un estado de conciencia afirmativa. Es decir, mientras que el miedo ilusorio es retorcido, la intuición es directa. El miedo verdadero nos aleja del peligro, igual que la intuición; pero el ilusorio no.

Dominar este último se reduce a una simple comprobación de la realidad. Plantéate la siguiente pregunta: «¿Esto es miedo real o imaginario?». Si es real, corre, por así decirlo. Si es imaginario, cambia de marcha; baja drásticamente durante un momento el volumen de esa voz irracional que repite «y si» para que puedas escuchar mejor lo que tu voz intuitiva tranquila quiere decir.

LOS INICIOS DE LA MEDIUMNIDAD FORENSE

Cuando comencé a poner más énfasis en el aprendizaje de la mediumnidad forense, sin dejar por ello mi práctica normal, fui adquiriendo habilidad para cuestionar mis sentidos y asegurarme de que mi intuición no era en realidad miedo. Podía percibir mejor cuándo la información procedía de ese lugar de mis vísceras, el que sabe, el que me indica si hay que abordar algo significativo. Empecé a hacer cursos avanzados con muchos profesores importantes, como Tony Stockwell, del Arthur Findlay College. En sus clases, utilizaba imágenes forenses reales para enseñarnos. Cuando nos pedía que averiguáramos lo que les había sucedido a las personas que aparecían en las fotografías, me di cuenta de lo acertada que estaba con este tipo de trabajo y lo que me apasionaba. Hasta el día de hoy, sigo utilizando este método de las imágenes cuando imparto clases forenses, porque me resulta muy potente.

Poco después de terminar estos cursos avanzados, tuvo lugar un suceso desafortunado que exigió la puesta en práctica de todas mis habilidades. Otra médium, que había sido profesora mía, me pidió ayuda para el caso de una persona desaparecida en el que estaba trabajando y que implicaba a una mujer, «Laura», que padecía alzhéimer. Había ido de acampada con su marido y desapareció mientras él se duchaba en su autocaravana. Durante dos largos días no me llegó ninguna información. Me sentía destrozada; creía que no podría acceder al lugar en el que se encontraba, por mucho que me esforzara. Al tercer día, mientras estaba sentada frente al ordenador, todo salió de golpe.

Supe de repente que Laura seguía muy cerca del camping y la dirección en la que debíamos buscarla. Que llevaba unos vaqueros blancos cortos y zapatillas también blancas. Que se había ido del camping y caminaba en busca del café cuando se dio cuenta de que la seguía un puma. Que, al intentar alejarse del felino, se había caído por un pequeño terraplén a unos matorrales muy densos y se había golpeado la cabeza. Lo anoté todo y se lo envié a mi colega.

La primera vez que me comuniqué con el espíritu de Laura, me contó lo que le había sucedido y vi que ya no estaba consciente en este mundo físico. Me dijo también que la encontraría un miércoles, al cabo de un par de meses, un trabajador del establecimiento mientras hacía labores de mantenimiento. Esta información se envió a todos los implicados y yo permanecí como fuente anónima, pero el detective dijo que era imposible e hizo hincapié en que, si hubiera estado tan cerca como yo había dicho, los perros la habrían encontrado.

Me sentía muy implicada en este caso y vinculada con el espíritu de Laura, pero al final tuve que dejarlo de manera consciente, sabiendo que había cumplido mi parte. Había transmitido los mensajes lo mejor que podía y no tenía más que hacer en lo relativo a que la información se tomara en serio. Laura era la madre de un personaje público, por lo que el caso recibió mucha publicidad, pero tuve que dejar de seguirlo por mi propio bienestar. Mi colega me dijo que estaban buscándola en una dirección distinta de la que yo les había dado. En ese punto, no me quedó más remedio que abandonar por completo.

Unos meses más tarde recibí un correo electrónico en el que me comunicaban que la habían encontrado a menos de una milla del establecimiento, un miércoles, tal y como ella misma me había transmitido. La halló un trabajador que la localizó por los pantalones y las zapatillas blancas que destacaban en el denso arbusto. Mi colega me animó encarecidamente a que siguiera haciendo este trabajo. Pensaba que el impacto que podría tener en las familias de los desaparecidos era tan importante que debía plantearme la posibilidad de avanzar en el uso de esta habilidad.

Aunque quería seguir con ese trabajo, en aquel momento vi que necesitaba dominar más mi habilidad para distinguir entre la intuición y el miedo ilusorio. Seguí estudiando para entender de manera más clara todo lo que podría necesitar y seguí ayudando en casos con profesores y médiums forenses especializados.

A pesar del miedo inherente a esta línea de trabajo, conforme iba a más clases seguía aprendiendo más. Cuando empezaron a llegar llamadas de familiares y detectives pidiendo mi ayuda, mi nivel de habilidad y mi confianza aumentaron. Estaba en camino de poder ayudar a muchas familias a cerrar sus casos. Superé mis propios miedos y empecé a confiar cada vez más en mi intuición, lo que me permitió ayudar a otros a confiar en sí mismos y a contar con una conciencia más clara de su entorno.

Otro caso forense resaltable en el que trabajé puso en cuestión mi propio miedo ilusorio. Estaba relacionado con una capitana del Ejército estadounidense, «Justine». Había desaparecido con su perro cuando salía a reunirse con unos amigos, y su novio, «Jack», me llamó con la esperanza de que pudiera ayudar en la investigación. Mientras me contaba lo que sabían, que era muy poco, vi que Justine y su perro habían abandonado esta tierra. No transmití directamente esa información, porque varias experiencias anteriores me habían enseñado a guardarme para mí ese tipo de mensajes.

—Intentaré localizarla —dije.

Justine me mostró que su asesino era un hombre llamado Jack. Se había casado con él y luego se había divorciado porque era muy violento y la maltrataba. En ese momento entró en escena el miedo para complicar las cosas, porque ¡el hombre que había acudido a mí se llamaba también así! Él decía que era su novio, no su marido, así que me sentía confusa (puesto que, repito, el miedo lo enturbia todo).

Este temor condicionó mi reacción ante la información que me proporcionaba Justine y olvidé recurrir a mi intuición para encontrar la calma y ver las cosas con más claridad. Intentando no mostrar el miedo que me producía la posibilidad de estar hablando por teléfono con un asesino, le pregunté al hombre si estaba casado con Justine. Él me respondió que no, pero que el exmarido se llamaba igual. Aunque aquello supuso un alivio, seguí sintiendo miedo. Necesitaba acceder a la verdad distinguiendo entre el miedo y la intuición.

Una vez averiguado ese detalle fundamental, supe que Jack, el exmarido, la había matado. Pude oír como si fuesen mías todas sus ideas acerca de cómo deshacerse de los cuerpos de la muchacha y del perro. Tras eliminar las pruebas, condujo el coche de ella hasta las montañas y bajó una colina a varias manzanas de su casa para que pareciera que se la habían llevado por allí cerca. Dejó en él las llaves y el bolso para que diera la impresión de que la habían sacado por la fuerza y luego regresó a su casa en Arizona. Justine me pidió que les dijera a sus seres queridos que la policía conseguiría descubrir en el coche y mediante cámaras de vigilancia de hogares de la zona gran parte de las pruebas que necesitaban. Me dijo que, cuando lo arrestaran, Jack conduciría a los policías hasta su cuerpo para evitar la pena de muerte y me mostró exactamente cómo iba a suceder todo.

Mediante el método de ensayo y error había descubierto que trabajar con los seres queridos de los desaparecidos es una de mis áreas de especialización. Colaboro en unos cuantos casos al año y, de momento, es suficiente para mí. Al corazón le resulta muy duro ver el dolor y la confusión de las familias que viven estos sucesos tan trágicos.

Confía en tu instinto

¿Alguna vez te ha pasado que has estado esperando un taxi y, cuando por fin llega y abres la puerta, el conductor te provoca al momento una sensación visceral de incomodidad? Puede ser la persona más pulcra, con la sonrisa más amplia, sin ninguna señal física o conductual llamativamente evidente de mala voluntad, pero, por la razón que sea, tu instinto te susurra que ¡no te subas a ese coche! Si eres como la mayoría de la gente, ignorarás esa voz intuitiva baja (pero poderosa) y te montarás de todos modos. Y es precisamente en situaciones como esta, en que la gente se convence a sí misma de que no tiene que hacer caso a su conocimiento interior, cuando se desarrollan algunos de los escenarios más trágicos, como secuestros, actos de violencia y asesinatos.

Es raro que la gente escuche a ese instinto visceral y espere otro coche. ¿Por qué? Damos más valor a la cohesión social y queremos ser amables e integrarnos, y, por ello, no respetamos nuestra intuición. Sin embargo, cuando empezamos a honrar esos instintos naturales es cuando nos convertimos en personas espiritualmente conectadas que conocen la autoprotección.

Un gran ejemplo de eso es lo que le sucedió a una de mis clientes, a la que llamaremos Nicole, que escapó por los pelos de un posible asesinato porque sí escuchó la voz que gritaba dentro de ella. Era su segunda cita con un hombre al que había conocido a través de una aplicación. La primera había ido bien y habían establecido algo parecido a la confianza, así que decidió permitirle que la llevara hasta su destino. Esa noche, durante el trayecto, el hombre le dijo de repente que tenía que parar un segundo para coger algo de la parte posterior del camión. Aquello le produjo una sensación extraña; intentó observar a través del retrovisor lateral lo que hacía y entrevió una pala, una cuerda y una manta.

«Tienes que irte YA», le dijo su instinto.

Su mente lo rebatió: «A lo mejor es solo un cazador. Quizá tiene un segundo trabajo como albañil. Es posible que simplemente sea un hombre muy manitas». Podría haber usado cualquiera de estas explicaciones para apartar su golpe de intuición, pero decidió escucharlo. Salió del coche y le dijo que se había sentido mal de repente y que tenía que volver a casa, con lo que lo dejó confundido.

Unos días más tarde me llamó para comprobar si realmente era un mal tipo o si es que ella estaba paranoica. Le confirmé sus intuiciones y le dije que la energía de aquel hombre me parecía muy peligrosa. También le transmití que no sabía si era un criminal, pero que estaba sin ninguna duda conectado con uno. Poco tiempo después, descubrió que era el hermano de un asesino en serie al que poco antes habían arrestado y condenado en California.

¿Qué habría sucedido si no se hubiera bajado del coche? Quizá nada, pero mi instinto me dice lo contrario, y el de ella también. Y eso es *lo único* que importa. Lo que nos interesa es que confió en esa sensación lo suficiente como para salir del coche, no solo porque hubiese visto ciertos objetos sospechosos, sino, sobre todo, porque en lo más profundo de sus huesos notó que algo no iba bien. Por ello, te pido que recuerdes que, cuando algo *te dé la sensación* de no ser correcto, lo más probable es que *no lo sea*.

Todo este capítulo trata de la importancia vital de distinguir entre el miedo y la intuición, para que tanto tú como las personas a las que amas permanezcáis lo más seguras posible en un mundo impredecible. Lo paradójico es que la gente que vive empapada de miedo ilusorio quiere de verdad estar segura, pero su lealtad a ese miedo la coloca en el camino del peligro en muchos aspectos. Nuestra intuición es la que nos mantiene seguros, y ese es el músculo que debemos fortalecer.

Nuestra voz intuitiva interior es en realidad la del Espíritu, que no quiere otra cosa que ayudarnos. Nuestra tarea consiste en recordar que fortalecer nuestra confianza en Él es la manera de reforzar la conexión clara con nuestro yo intuitivo y, con ello, conseguir un entorno más seguro para nosotros y para nuestros seres queridos.

Algunas de mis habilidades intuitivas provienen del trabajo forense y de mis experiencias cuando estuve en el otro lado. Aunque de niña no podía entenderlo del todo y pasé años sin reconocer el poder de mi intuición personal, veía cómo los espíritus se comunicaban constantemente a través de ella y de la telepatía. *Sentía* la fuerza y el conocimiento de los espíritus; parecían simplemente *saber* las cosas sin pensarlas. A diferencia de los seres humanos, no tienen que depender de la confianza en el yo, porque la intuición y la telepatía son formas naturales de comunicación espiritual. No tienen que preguntar a nadie si está triste, porque lo *saben*.

Nuestra alma está cortada por el mismo patrón y, por tanto, tenemos la capacidad natural de acceder a nuestro conocimiento intuitivo. No es algo extraño para ella, sino, en realidad, una parte de nuestro conjunto de habilidades innatas, exactamente igual que les sucede a las almas del otro lado. Solo tenemos que aprender a integrar nuestra conciencia espiritual con el alma, porque eso crea un conocimiento más claro del mundo espiritual y, en consecuencia, paz interior y conexión.

Os mostraré un ejemplo personal del uso de mi intuición (y cómo me liberé del miedo). Estando mi hija embarazada, me despertó una vocecita que me decía que el bebé no podía respirar. Me senté en la cama y pedí confirmación de lo que acababa de escuchar, para segurarme de que no se trataba solo de mi propio miedo. Oí: «Nana, no puedo respirar».

El aviso daba miedo, pero me llegó de forma tranquila, con lo que supe de manera instintiva que era importante. Medio dormida, me levanté y volví a oír que algo estaba bloqueando la respiración del bebé y que debía dar a mi hija un líquido con burbujas para que se lo bebiera. Confiando en aquella voz intuitiva, así lo hice.

Cuando la desperté, le pregunté bajito si podía notar al bebé. Se contorsionó y, ante su asombro, se dio cuenta de que no se estaba moviendo. Naturalmente, se asustó muchísimo. Tranquilamente la senté y le di la bebida que me habían indicado que debía preparar. Se la tomó y ¡el bebé empezó a moverse de nuevo! Me dijeron entonces que tanto mi hija como el niño estarían bien esa noche, pero que debía llevarla al hospital a la mañana siguiente para ver si tenía de verdad un nudo.

Al día siguiente, en el hospital, le indujeron el parto: solo doce horas después de la comunicación espiritual. Mi nieta está hoy aquí porque escuché esa voz interior que siempre me está hablando, igual que *yo* estoy aquí porque mi madre escuchó a su intuición cuando le oyó susurrar hace años: «Tu pequeña está en el congelador».

LAS CINCO FASES PARA UTILIZAR TU INTUICIÓN

La intuición es una herramienta excelente que todo el mundo debería aprender a dominar para vivir mejor. Estas son las cinco fases que utilizo para aplicarla. ¿En cuál estás?

FASE 1
¿Qué es esta sensación?

En esta fase inicial, tu intuición parece ser aleatoria e inconsistente, como si viniera de la nada. Sientes *algo*, pero no sabes qué es. Te notas inseguro, como si tu imaginación estuviera escapando contigo. Confundes fácilmente la intuición con el miedo.

En esta etapa:

- Te cuestionas si tu intuición o tus sensaciones viscerales son correctas.
- Quizá ni siquiera seas consciente de lo que estás experimentando, pero sabes que te resulta distinto, casi como si te estuvieras dando cuenta de algo.
- Notas un ligero impulso de escuchar a ese sentimiento interior, pero te sientes ante todo inseguro.
- Continúas preguntándote si es real o si te lo estás inventando.

Es un punto de partida perfecto, porque la curiosidad te impulsa a saber más. Quieres comprender esa sensación que no deja de brotar sin miedo ni confusión. Estás justo donde debes para empezar el proceso de aprovechamiento de tu intuición natural.

FASE 2
Se está convirtiendo en una sensación familiar

En esta etapa te das cuenta de que la intuición se percibe de forma distinta al miedo. Produce una sensación visceral, porque ahí es donde reside, ¡en las vísceras! Va y viene, pero estás empezando a sentirla como algo familiar. Todavía no entiendes la diferencia entre tu mente pensante y el sentido intuitivo. En esta fase:

• Empiezas a reconocer la sensación como algo distinto del miedo o la imaginación.

• Todavía no puedes distinguir entre el miedo y la intuición, pero estás empezando ese proceso.

• Necesitas ser más consciente y comprender a tu intuición, y empiezas a prestarle mucha atención cuando la notas en tu vientre.

Estás comenzando a entender mejor que puede resultar útil escuchar a los sentimientos y no solo al pensamiento lógico. Quieres saber algo más de esta experiencia que acabas de conocer.

FASE 3
Descubrimiento: Empiezas a acceder a tu intuición

En esta etapa, el objetivo es desarrollar una notación constante y fiable de los sentimientos que provienen de tu intuición. Empiezas a practicar con técnicas que despiertan ese conocimiento intuitivo. Estás trabajando en la fase del descubrimiento. Es real, lo sientes y quieres saber más de ello. Te das cuenta de que, cuanto más lo reconoces, más claro se vuelve y mayor es la sensación de que lo controlas.

En esta fase:

- Empiezas a acceder a esa sensación intuitiva por ti solo.
- Debes practicar en situaciones que no encierren ningún peligro pero que te guíen hacia esa fuente visceral.
- Estás empezando a utilizarla, a confiar en ella, y tu práctica comienza a dar resultados.
- Es el momento de practicar más y más.

Estás preparado para aprender a contrastar tus sentimientos. Una forma de hacerlo es preguntarte qué sientes antes de entrar en una habitación o de estar en un entorno que no te resulta familiar. Sé constante y empieza a trabajar en la percepción de la diferencia entre la información intuitiva correcta y la incorrecta. Recuerda que equivocarte te enseña la forma de estar en lo cierto a medida que empieces a reconocer con antelación la diferencia entre las dos sensaciones.

FASE 4
Desecha el miedo y confía en el proceso

En esta etapa, tu intuición se está volviendo más evidente, pero sigues teniendo miedo a equivocarte. Ha llegado el momento de desecharlo y de limitarte a confiar. Empieza por cosas pequeñas y, cuando sepas que está empezando a funcionar y compruebes su exactitud, tus miedos comenzarán a desvanecerse.
En esta fase:

- Las cosas empiezan a tener sentido; por tanto, confías en tu intuición más que antes.
- Utilizas tu intuición más a menudo y eso te ayuda a ver que puede tener sentido y que consigue un resultado favorable.

- Empiezas tu jornada con sentimientos intuitivos y no desde un estado mental de miedo.
- Esto ya no te abruma y el nivel de confianza está mejorando. Ahora todo es cuestión de permitirle que fluya.

FASE 5
Suelta y permite

En esta etapa estás desechando inconscientemente la referencia del miedo y permitiendo la llegada de la información intuitiva cuando ella lo considere necesario. La dejas fluir y ahora sientes el superpoder de confiar en tu conocimiento intuitivo. No en todo momento, porque el miedo estará siempre intentando entrar, pero estás aprendiendo a apartarlo de un modo eficaz y a regresar a ese estado apacible de la intuición.

En esta fase:

- Estás recibiendo una información más fiable, y eso te resulta empoderador.
- Dejas de apartar la información intuitiva y, en consecuencia, sientes que controlas más tus decisiones y tu entorno.
- Confías plenamente en tu intuición y sabes que está siempre ahí para ayudarte.
- Continúas desechando los miedos que surgen y accedes a tu poder en cualquier momento.
- Estás soltando y permitiendo que la información intuitiva fluya en pro de tu mayor bien.

Recuerda: siempre trabajarás en la exploración de tu intuición, porque confiar en ella y no en tu miedo constituye una lucha constante. Muéstrate amable contigo mismo y sé consciente de que, así como trabajes con tu intuición, ella trabajará contigo.

* * *

Las historias contenidas en este capítulo no son más que la punta del iceberg de lo que he aprendido acerca del miedo y la intuición a partir de mis incursiones en la mediumnidad forense. De todas formas, espero que te sirvan como ejemplos valiosos para entender la diferencia esencial entre ambos.

¿Escuchar a tu intuición implica que siempre vas a poder impedir que se produzca algún suceso dañino? ¡No! ¿Resulta útil? ¡Sí! Y la práctica es una amiga que te ayuda a aprender a utilizar estas herramientas en el mundo. Cuando aprendes a dominar el miedo imaginario, accedes a tus señales de aviso legítimas a través de tus intuiciones viscerales y las reconoces; puedes evitar las circunstancias desfavorables de tu vida *sin* vivir en la constante vibración del miedo.

Mi trabajo forense me enseñó a ver el mundo exterior de otra manera y a ser siempre consciente de mi entorno y de mi intuición para no acceder al miedo. Por tanto, estoy alerta para reconocer y evitar posibles oportunidades de delitos o daños en mi entorno. Orientarte con la brújula de la intuición puede llegar a salvarte la vida algún día; Dios no quiera que llegues a encontrarte nunca en peligro.

Echando la vista atrás, me resulta completamente lógico que esté tan conectada con el trabajo como médium forense. Considerando mi pasado como superviviente de abusos sexuales durante gran parte de mi infancia, tanto el miedo como la intuición se convirtieron en mis mejores amigos. Creo que ofrecer más tarde mis habilidades como médium para ayudar a otros fue algo inevitable en el contrato de mi alma. ¿Por qué sufrí años de abusos a manos de unos criminales?

Quizá no llegue a conocer nunca la respuesta completa a esa pregunta, pero sí sé que el resultado fue mi deseo de hacer todo lo que estuviera en mi mano para transformar aquellas experiencias tan dolorosas en un medio de ayudar a otros, y la mediumnidad forense resultó uno de los muchos caminos que me han permitido hacerlo.

MOMENTO DE INTEGRACIÓN

Ponerte en contacto con tu intuición

Aunque la palabra «forense» está relacionada con la lógica y los datos, la «mediumnidad» depende por completo de la intuición. Estos dos polos se rozan en la mediumnidad forense, pero eso es precisamente lo que la hace tan grande. Esta misma dicotomía se produce también en tu vida y, como en el mundo forense, encontrar el equilibrio entre ambos es la clave para el éxito. De todas formas, cuando una sociedad valora por encima de todo la mente lógica, resulta complicado tomar el camino menos transitado. Aprende a apoyarte en tus sentimientos viscerales y desarrolla una conciencia espiritual practicando la confianza entre el Espíritu y tú. Investiga tu relación con este equilibrio utilizando cualquiera de las siguientes propuestas:

- ¿Cómo gestionas tu vida y las experiencias que surgen del miedo imaginario?
- ¿Cómo podrías emplear mejor tu intuición para protegerte?
- Nombra algunas ocasiones en las que iba a suceder algo aparentemente malo u ocurrió algo que te lanzó al miedo.

- ¿Qué hiciste para manejar esos incidentes?
- ¿Qué podrías haber hecho de forma distinta, si es que hay algo?
- ¿Cómo distingues entre el pensamiento basado en el miedo y la intuición?
- ¿Cuándo has estado en una situación en la que no has reconocido la falta de seguridad pero sentiste algo y lo reprimiste y luego sucedió alguna cosa?
- ¿Qué relación mantienes con el miedo?
- ¿Qué relación mantienes con la intuición?
- ¿Te sientes equilibrado o desequilibrado? Explica tu respuesta.
- Si estás desequilibrado, ¿qué cambios podrías hacer para alcanzar un mejor equilibrio en tu vida?
- ¿Cuándo te has encontrado en situaciones en las que no escuchaste a tu instinto y luego sucedió algo que quizá podrías haber evitado si hubieras confiado en él o lo hubieras escuchado?

Ejercicios del capítulo

¿Cuántas veces te ha dicho tu instinto «no vayas a esa fiesta» o «no confíes en la persona que tienes detrás», entre otras muchas advertencias? ¿Cuántas veces lo has ignorado y luego ha sucedido algo negativo que podrías haber evitado? Nuestra intuición es tan fuerte que puede incluso decirnos si alguien no nos conviene. Por supuesto, la mayoría de la gente no se aleja, sino que empieza una relación y más tarde dice «Lo sabía», y se pregunta por qué no hizo caso de su instinto. A menudo nos decimos a nosotros mismos: «Quizá lo que estoy haciendo sea una tontería, a lo mejor solo es el miedo, que me domina». Eso podría ser cierto en algunos casos, pero no sabremos cuándo tenemos razón acerca de personas, lugares, cosas y situaciones si no escuchamos y aprendemos a utilizar nuestra intuición personal. El miedo puede ser un amigo, pero aprender a acceder a nuestra intuición nos ofrecerá una perspectiva más amplia.

Hagamos unos ejercicios que nos ayuden a empezar a confiar en nuestra intuición natural para asegurarnos de que trabaja a nuestro favor:

- Haz una lista de las veces en las que «oíste el mensaje» pero no hiciste lo que sabías que era correcto. ¿Cuál fue el resultado?
- Haz una lista de todas las veces que oíste el mensaje y confiaste en él. ¿Cuál fue el resultado?
- Después de practicar las cinco fases para utilizar tu intuición, piensa en cómo te ha ayudado esta práctica a ampliar tu conocimiento intuitivo y te ha ofrecido la oportunidad de hacer las cosas de otra manera.
- Escribe distintas formas en las que el miedo ha controlado tus decisiones. ¿En qué habría cambiado la situación si no le hubieras permitido imponerse?
- Ahora que ya conoces la diferencia entre miedo e intuición, practica este don concedido por el Espíritu en todas tus interacciones.

Cuando estés aprendiendo a confiar más en tu intuición que en el miedo, siente el empoderamiento de tu proceso. Celebra este logro. Recuerda que no lo vas a hacer a la perfección, pero que irá mejorando a medida que vayas accediendo a tu instinto visceral. No tengas miedo de equivocarte, porque errar te mostrará las sensaciones que te provoca y empezarás a utilizar ese conocimiento para hacer una pausa y esperar a que lleguen las «sensaciones correctas». Cuando sepas cómo emplear tu intuición, estarás preparado para manejar situaciones que anteriormente te desconcertaban. ¡Tú puedes!

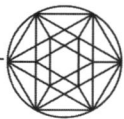

CAPÍTULO 10

Sanar el dolor profundo por la pérdida de un ser querido

NUNCA OLVIDARÉ el día que, caminando por la tienda de comestibles del barrio, como había hecho muchísimas veces, me la encontré esperándome allí mismo, en el pasillo de la comida enlatada: la montaña infranqueable de la aflicción. Yo estaba con la mirada fija en una lata de alubias cuando me golpeó como si fuera la detonación de una bomba salida de la nada, y rompí en sollozos. Cualquiera podía haber pensado que estaba mirando el cuerpo sin vida de mi madre, recientemente fallecida. Fue algo incontrolable. Era incapaz de dominar las lágrimas, el dolor y lo muchísimo que la echaba de menos. Así es como funciona la pena: impredecible, se cuela hasta llegar a ti cuando menos lo esperas, cuando quiere.

Como podrás imaginar, venirme abajo de esa manera en público me resultó de lo más humillante, por no decir que me aisló, porque nadie más sentía lo mismo que yo. Era la «anormal». Daba la impresión de que todo el mundo seguía con su vida como siempre —viviendo, riendo y amando como si nada hubiera sucedido— mientras que la mía acababa de ponerse patas arriba y de darse la vuelta como un calcetín. Me había quedado destrozada de golpe.

La pena profunda por la muerte de un ser querido es un monstruo en sí mismo. A lo largo de mi vida he perdido a muchas personas a las que quería con toda el alma. No hay una forma más fácil y suave de decirlo: es, con mucho, la emoción más dolorosa que puede sentir una persona. Es capaz de sacudir la autoestima, la confianza en el entorno, el mundo e incluso la fe en Dios. Tiene todas las cartas, todo el control. No es algo que puedas decidir que se ha terminado y alejarte, porque *ella* es la que decide cuándo va a ir a tu casa a darte un toque. Cuando la pérdida ha llamado a tu puerta, tienes la sensación de estar indefenso. Es como un animal preparado para saltar sobre ti en cualquier momento. Tiene el poder, el control, la trayectoria, y no hay parte de ti que sea inmune a ella.

La muerte física de una persona a la que amamos profundamente es una de las peores experiencias, si no la peor, que podemos sufrir como seres humanos. Sin embargo, cuando rebobinamos hasta la lección que aprendí en mi viaje al más allá —que los retos de la vida son catalizadores para el crecimiento del alma—, el duelo se convierte en una de las invitaciones más potentes para embarcarnos en nuestro camino espiritual superior. Cuando se contempla a través de una lente espiritual, se transforma en un rito de paso destinado a desarrollar el alma. Una iniciación. Un regalo…, aunque en ese momento lo consideremos todo lo contrario. Como dijo el poeta del siglo XVIII William Cowper, «El duelo es en sí mismo una medicina». Por supuesto, como en toda sanación auténtica, primero nos debe subir la fiebre, debemos sufrir dolor.

La «noche oscura del alma» ya fue descrita en el siglo XVI por el poeta y místico San Juan de la Cruz. La maestra espiritual actual Caroline Myss la describe de este modo en su libro *Desafiar la gravedad*: «[…] un viaje a la luz, desde tu oscuridad a la fuerza y los recursos ocultos de tu alma». Es un periodo de desarrollo personal duro pero necesario que experimentamos en la vida y que, al final, nos enseña la luz. Consiste en recortar todo aquello que ya no importa para despertar algo más profundo en nuestro interior, con lo que se consigue una vida más alineada con la espiritualidad y más significativa. El tránsito de la noche oscura del alma es un catalizador del cambio. Una muda. Un renacimiento. Con el dolor profundo, todo aquello en lo que creías, lo que pensabas que eras y el sentido que le habías dado a tu vida se colapsa. Te ves obligado a descubrir un propósito nuevo y más profundo. Es una invitación a sentir una vez más la presencia de tu alma, de tu espíritu; a recordar que eres un ser espiritual que está viviendo una experiencia humana, y no al revés. El dolor por la muerte de un ser querido acaba siendo el mayor impulsor de este camino tan desgarrador pero gratificante de la oscuridad a la luz.

El ciclo de la vida y el dolor

«¿Qué está sucediendo? ¿Dónde estoy? ¿Dónde estás? ¿Cómo puedo sobrevivir a esto sin ti? ¿Quiero hacerlo?». Bienvenido al espacio mental confuso y angustiado que es el dolor profundo. Al club del que *nadie* quiere formar parte, pero al que tantos pertenecemos. A la negrura más absoluta. Sin tu consentimiento ni tu conocimiento, es como si algo te hubiera trasladado físicamente desde la habitación cómoda, conocida e iluminada por el sol que conocías desde hace mucho tiempo a un territorio absolutamente extraño, una habitación oscura, fría, solitaria y que se va encogiendo cada minuto. No la conoces y no quieres conocerla. Es extraña, o así te lo parece. Sin embargo, la verdad más profunda es que has estado continuamente sintiendo esta pena desde el día en que naciste.

Vivimos de verdad en el ciclo de la vida. Todo principio es un final, y todo final, un principio. Viajar por el río (lo que yo experimenté en la Estación de Espera) y asentarte en el agua del útero de tu madre es el comienzo de nuestro periplo humano. Significa también que abandonamos nuestra vida perfecta en el mundo espiritual. Luego, en el momento en que creemos que estamos arropados y seguros en la tripa de nuestra madre, llega el momento de irse otra vez.

El parto no tiene por qué ser fácil. Los bebés no sienten más el deseo de cambiar que los adultos. Disponen de un hogar cómodo y acolchado en el que están arropados y *entonces* empiezan los empujones. Se agobian, porque su mundo se ha trastornado. Abren los ojos cuando están siendo impulsados a la luz, pero esta es diferente. Los tocan personas extrañas y perciben cosas que jamás habían experimentado. No recuerdan haber estado aquí *jamás*. Es un lugar completamente desconocido… y lloran, porque se sienten conmocionados y confusos.

Sin embargo, cuando un amoroso progenitor los coge en sus brazos, todo cambia. Se han reunido; el niño siente paz y consuelo en ese abrazo cariñoso. Ese calor, ese amor tan hermoso, es una fuente de consuelo que alivia el estrés y los miedos y deja atrás toda la confusión que pudiera quedar. Es como si regresara a un lugar sin peligros y, aunque es un mundo nuevo, se siente seguro, amado y pleno. Cuando está aprendiendo y creciendo, este abrazo amoroso es su *piedra angular*. Siempre llevará consigo el amor de ese momento en que lo cogieron por primera vez y sintió el calor, la paz y la seguridad que solo el cariño puede proporcionar.

(Por aclarar las cosas, me gustaría abordar el vínculo especial que une a un progenitor adoptivo con su bebé. Como madre adoptiva, conozco de primera mano el momento en que sostuve a mis bebés en brazos; estaban presentes esa misma unicidad mística y mágica, esa seguridad. Estábamos *reu-*

nidos en el alma y *al fin juntos*. Ese instante, tan absolutamente precioso, no me ha abandonado jamás. El amor de un progenitor no conoce límites).

En nuestro periplo humano, el dolor profundo en sus diversas formas sigue siendo parte del proceso. Cuando nuestra madre nos retira la manta o la leche: dolor; cuando tenemos que aprender a quitarnos los pañales: dolor; cuando tenemos que separarnos de nuestra madre para acudir por primera vez al colegio: dolor. Estos «pequeños» momentos de desesperación acaban por prepararnos para el dolor más intenso, la pérdida física de alguien a quien queremos. Algunos cambios traen consigo el sufrimiento de forma natural, y la única constante en la vida es el cambio. Por tanto, estamos en todo momento avanzando a través de la aflicción. Podríamos decir que la vida conlleva un ritmo continuo de pérdidas. El amor, la alegría y la pena están constantemente alternándose en nuestra experiencia vital.

El nacimiento y la muerte son procesos increíblemente parecidos. Así como nacer en este mundo supone dejar otro, la muerte aquí es también el nacimiento en otro lugar. Nos oponemos a la muerte igual que lo hicimos al nacimiento. En ambos casos, nos asusta lo desconocido y, por eso, nos resistimos. Nos «aferramos» mientras podemos, porque tenemos miedo de aquello que no conocemos. Cuando estamos en el proceso de transición, no sabemos lo que nos viene, lo que podemos esperar y lo que nos aguarda al otro lado. Hasta que llega el momento en que lo conocemos… y entonces sabremos sin duda alguna que estamos seguros y que podemos por fin desechar nuestros miedos y celebrar el regreso al hogar. Una vez allí, vemos inmediatamente a nuestros seres queridos y a los ángeles, oímos la música más hermosa y percibimos una sensación abrumadora de paz y amor incondicional *¡Ahh, podemos respirar, hemos vuelto a casa!*

El problema es que los seres queridos que dejamos atrás en el plano humano *no* saben que estamos bien. Están inundados de dolor y acosados por pensamientos sobre adónde habremos ido y si nos volverán a ver algún día. No se les concede la paz, porque no saben que sus seres queridos del otro lado están felices, sanos y muy vivos y presentes. Por eso el conocimiento directo del más allá, de la existencia eterna de nuestra alma, es esencial para aliviar el dolor.

Encontrar el camino a través del dolor

Cuando entendemos que el dolor profundo es una parte normal de nuestro caminar por la vida y que, en realidad, es útil para el crecimiento del alma, podemos empezar a buscar formas de abrirnos camino a través de él en lugar de *ahogarnos*. Históricamente, casi todas las sociedades, en cualquier lugar del mundo, han contado con una estructura consistente para el proceso del duelo, y todas ellas estaban centradas en torno a la comunidad. Hacerlo juntos en público era algo que se consideraba esencial. Saludable. Sin embargo, con el declive de la religión y de las comunidades basadas en la fe del mundo moderno, en nuestra cultura actual muchas personas no disponen de esa estructura para el duelo y, por tanto, muchos deben atravesarlo solos. Al igual que casi todo en el mundo occidental, el proceso del duelo se ha privatizado. Es muy triste, porque, así como para criar a un niño hace falta todo un pueblo, para procesar de manera efectiva la pérdida de un ser querido se necesita lo mismo. Sin una comunidad con la que compartir la carga, no tenemos a nadie a quien recurrir para procesarla, lo que nos obliga a volvernos hacia nuestro interior en soledad.

Por tanto, vamos a afrontarlo de cabeza, en este momento, juntos.

Las cinco etapas del duelo fueron introducidas por Elisabeth Kübler-Ross en 1969, en su libro *Sobre la muerte y los moribundos*: negación, ira, negociación, depresión y aceptación. Aunque este modelo es una herramienta útil para orientarnos en el proceso, no debes olvidar que, por muchas cosas que tengamos a nuestro alcance, el duelo es algo *complicado*. Es bueno intentar hacer un mapa de ese terreno desconocido, pero la verdad última es que está muy lejos de ser predecible o lógico. Es como internarse enuna selva, cada vez que nos enfrentamos a él.

Por lo general, implica experimentar un periodo de pena profunda, entumecimiento e incluso culpabilidad e ira, y estos sentimientos se van gradualmente aliviando con el paso del tiempo. Sin embargo, no todos son iguales, porque no todas las muertes lo son tampoco. No todo el amor es igual. No hay ninguna forma «típica» de hacer el duelo, como tampoco tiempos «medios» en la sanación. Aunque algunas experiencias físicas y psicológicas comunes caen dentro de ese paraguas —insomnio, entumecimiento emocional, retraimiento social, pérdida del apetito, desesperanza, culpabilidad y demás—, el duelo real por la pérdida de un ser querido es una experiencia absolutamente individual, única de cada una de las personas que la sufren.

La muerte de tu vecino no se parecería en nada al dolor de perder a tu hijo, Dios no lo quiera. Perder a tu madre de manera repentina siendo tú pequeño sería algo muy diferente a su fallecimiento como consecuencia de una larga enfermedad a los noventa años. Ambas cosas son igual de dolorosas, pero una se percibe como más trágica que la otra. Y si alguien a quien amas decide poner fin a su vida, eso abre una lata completamente distinta de dolor desgarrador. Sean cuales fueren las circunstancias concretas, la forma de afrontar o no el duelo influirá enormemente en la eficacia del proceso de sanación.

El **duelo inesperado** está relacionado con la muerte repentina, como en el caso de un ataque cardíaco, un accidente de coche, una sobredosis o un asesinato. Sean cuales fueren las circunstancias específicas, este tipo de duelo se percibe como una sacudida lacerante del alma que te drena toda la energía. Golpea tan duro y tan rápido que no eres capaz de asimilarlo del todo. Muchos se caen al suelo, incapaces de mantenerse de pie. Les ha abandonado toda la energía. Es como si Dios te hubiera sacudido hasta tal punto que tu alma ya no puede seguir adelante. Es demasiado. Percibes un desastre que nadie entiende. Te sientes impotente y enfadado. «¿Por qué ha sucedido? ¿Cómo ha podido Dios permitirlo? ¿Por qué a nadie le afecta como a mí?».

Enrabietado con el mundo, enfadado con Dios, sientes una ira intensa muy distinta de otros tipos de duelo. Te obsesionas con cada momento hiriente o doloroso que hayas pasado con tu ser querido. A mí me sucedió cuando uno de mis hermanos falleció de repente. Poco tiempo antes, había utilizado mi lavadora y mi secadora para hacer la colada. Yo me enfadé y le eché en cara con dureza que no hubiera metido mi ropa en la secadora cuando terminó con la suya. ¡Cuando falleció, me obsesioné con aquel incidente como si hubiera sido la única interacción que habíamos tenido en nuestra vida! Lo peor del duelo inesperado es que nos quita la oportunidad de despedirnos, de pedir perdón, de hacer las paces o de decir «te quiero» por última vez.

Así como este tipo de duelo supone un golpe repentino en el alma, el **anticipatorio**, por su parte, se cuece a fuego lento. Empiezas a hacerlo antes de que muera la persona a la que amas, lo que resulta un estado muy confuso: hacer el duelo de alguien que todavía está vivo. Por lo general se asocia con enfermedades prolongadas, y por eso a menudo lo denomino también «duelo de enfermedad».

Cuando mi padre se estaba muriendo lentamente por una dolencia terminal, mi duelo comenzó mucho antes de que falleciera. De algún modo, te vas preparando poco a poco para la realidad de la pérdida. Para algunas personas, eso puede significar tiempo para hacer las paces, para despedirse y para obtener una sensación de cierre, y es un regalo comparado con el inesperado. Sin embargo, trae consigo sus propios retos complejos. Cuando el proceso de la enfermedad se prolonga mucho, puede desgastarte física y emocionalmente, machacándote poco a poco y día tras día hasta que ya ni siquiera te reconoces a ti mismo.

Además, cuando un ser querido está terminalmente enfermo, puedes experimentar un conflicto de emociones. Por un lado, no quieres que fallezca. Por otro, tienes la esperanza de que lo haga rápido para que se alivie su dolor físico insoportable y tu agotamiento total. Este tipo de sentimientos pueden provocar una sensación de culpabilidad y confusión interior. Sea cual fuere la forma en la que lo experimentas, el duelo es una bestia, aunque hayas tenido tiempo para prepararte y despedirte.

Y luego está el especialmente confuso y doloroso **duelo del suicidio**, un dolor que personalmente conozco muy bien porque he perdido por esta causa a tres familiares directos y a dos amigos cercanos. Todo sufrimiento es oscuro, pero puedo atestiguar que el suicidio es un tipo de oscuridad completamente distinta. Es tan densa que lo apaga todo, a veces de manera permanente, en nuestro interior. ¿Por qué? Lo sientes como el rechazo supremo del amor y como la traición más profunda. Cuando alguien a quien amas de corazón decide abandonarte, eso te conduce a los recovecos más profundos y oscuros de tu mente. Resulta dificilísimo aceptar una muerte intencionada, y la sanación que requiere lo consume todo.

Cuando empecé a contar que había perdido a causa del suicidio a dos hermanos, una madre, una gran amiga y otra persona a la que estaba muy unida, pude percibir las reacciones de la gente. Vi en sus ojos compasión, juicio, culpa y miedo. Parecían asustados por estar cerca de mí, como si la posibilidad del suicidio pudiera contagiárseles a ellos o a sus seres queridos. Cuando alguien pone fin a su vida, *decide* abandonarte de la manera más permanente. Es como si te rechazara a ti, tu amor y el tiempo que ibais a pasar juntos. Y, en nuestro mundo tan crítico, la vergüenza basta para hacerte desear esconderte para siempre. La muerte y el duelo son dos cosas suficientemente complicadas para poderse abordar de manera sincera, pero el estigma del suicidio es una bestia completamente distinta con la que lidiar.

La pérdida de mis hermanos mayores, Terry y Tommy, me dejó devastada. Ambos se suicidaron en un intervalo de tres años, Terry cuando yo tenía veintisiete y Tommy cuando tenía treinta. Perder un hermano de esa forma fue una tortura; perder dos tan seguidos, insoportable. Era como una horrible pesadilla de la que no podía despertar. Y no una cualquiera, sino de esas que te producen la sensación de que estás a punto de implosionar y convertirte en escombros. No podía sentir, pero lo sentía todo. Estaba insensibilizada, pero era como si cada célula de mi cuerpo me doliera y se marchitara por el dolor. ¿Cómo era posible? Fue como si, tras la pérdida de Terry, cuando ya volvía a respirar, de repente todo se repitiera. ¿Cómo retroceder en el tiempo lo suficiente como para decirles que los necesito, que soy incapaz de entender mi vida sin ellos presentes como hermanos mayores, como mis protectores? Y ahora, ¿cómo protejo a los hijos de Tommy del horror y la culpabilidad que siento por no haber sido capaz de conservar aquí a su padre? ¿Cómo, Dios mío, cómo?

No le encontraba la lógica. Me sentía rota y dañada allí donde fuera. Podía escuchar en mi cabeza los pensamientos de la gente: «¿De qué tipo de familia proviene para que sus dos hermanos se hayan suicidado? ¿Cómo pudo no darse cuenta la segunda vez?». Pero no, esos no eran los pensamientos de los demás, ¡eran los míos! Quería vivir, y quería morir. No podía hacer nada para cambiar la realidad de estas pérdidas incomprensibles, de este horror particular del suicidio.

Como médium, el espíritu de mi hermano Terry vino a mí tres veces antes de que descubriera que se había suicidado, pero yo no me di cuenta de que ya estaba muerto. Su alma, de pie junto a mi cama, llamándome, intentó que le escuchara, pero yo me negué a oírle y le dije que se fuera. Durante tres noches vino y se fue cuando le dije que lo hiciera. Luego, la mañana del cuarto día, recibí la llamada diciéndome que le habían encontrado y que se había pegado un tiro. Cometió esta atrocidad suprema de dolor el día de mi cumpleaños. Esa noche, cuando estaba acostada, se comunicó conmigo desde el otro lado para decirme que la elección del momento no había sido un castigo, sino un acto de amor. Quería asegurarse de que no le iba a olvidar nunca.

No hay palabras para describir esa sensación inicial excepto diciendo que sentí que me abandonaba una parte de mí, exactamente igual que más tarde, cuando Tommy murió, y luego, más adelante aún, cuando lo hizo mi madre. Fue muy triste cuando supe que mi amiga se había suicidado, unos años antes que mis hermanos, pero yo me había alejado, así que la intensidad del dolor no fue nada parecido a la que sentí al perder a unas personas a las que había amado desde que nací. El suicidio es siempre terrible e inconcebible, pero cuando golpea a tu núcleo, a tu familia inmediata, te destroza la vida.

La parte más difícil fue tener que decirle a mi madre que sus niños se habían ido y ver cómo el dolor visceral la envolvía, no una vez, sino dos. En parte, creo que por eso eligió suicidarse ella también muchos años más tarde; el dolor de perder de este modo a dos hijos le resultaba insoportable. No le desearía este duelo a nadie y agradezco los años que he trabajado para sanar mi dolor. Como ya he dicho, he aprendido que el tiempo no cura, que lo que conduce a la verdadera sanación es lo que hacemos con él.

Además, las personas —yo incluida— que sobreviven a la pérdida de un ser querido a causa del suicidio, se ven asediadas por un pensamiento: «¿Cómo es que no me di cuenta? Debería haberlo sabido». Por favor, escúchame cuando te digo que no tenías manera de saberlo. He pasado muchos años machacándome a mí misma con esa idea, pero ahora sé que eso no es sano ni cierto. «No puedes saber lo que no sabes». Yo *no* tenía posibilidad de saber que mis hermanos y mi madre iban a suicidarse; es imposible. Aunque me hubiera asustado la idea o pensado que podía suceder, no lo habría sabido *de verdad*. Es imposible conceptualizar un horror así cuando amas a alguien. Resulta sencillamente inimaginable, por mucho que «creas» que sabes. ¡No es real hasta que no se produce! A mí me resultó fundamental trabajar para liberar el trauma y la culpabilidad que me invadían el corazón.

El mundo es a menudo un lugar doloroso. La realidad es esa. Y las personas que se suicidan no son malas ni egoístas; no desean más que acabar con su dolor intenso. Sin embargo, como sabe cualquiera a quien se le haya muerto por esta causa un ser querido, el dolor no termina con la muerte, sino que se transfiere a los que sobreviven a la pérdida. En este tipo de duelos suceden muchas cosas internamente y por encima de los sentimientos «normales» e intensamente dolorosos, por lo que se convierte en algo insoportable. No es raro que los que quedan atrás sientan también impulsos suicidas. Es muy normal querer *estar* con la persona que se ha perdido. A veces, sobre todo en casos de progenitores que han perdido a su hijo, se tiene miedo de que siga necesitando tu protección.

Sin embargo, puedo asegurarte que todos tus seres queridos están bien y felices, y que lo único que desean es que sigas con tu vida. En el otro lado no hay castigos para el suicidio, pero los que lo han elegido lo lamentan, porque, con la claridad que reciben allí, se dan cuenta de que, aunque la vida humana suele ser dolorosa, nuestra alma *quiere* estar aquí para poder crecer.

Sea cual fuere el tipo de duelo que estés atravesando como ya hemos dicho es una selva llena de dolor. Un descenso a la noche oscura del alma. Y lo peor es que resulta increíblemente solitario. Dado que las estructuras comunitarias de duelo están en gran medida ausentes en el mundo actual y existe una tendencia cada vez mayor a «mantenerse fuerte» —es decir, a evitar nuestros sentimientos todo lo posible—, muchas personas no *atraviesan* en absoluto el proceso, sino que intentan *sortearlo.*

En lugar de afrontar el dolor terrible y de abordar la pérdida de una forma saludable, a menudo escapamos de él mediante diversos mecanismos de insensibilización, lo que nos hace permanecer atascados en un ciclo conocido como **duelo complicado,** cuando los sentimientos de pérdida son tan potentes que acaban resultando debilitantes para la vida. La clínica Mayo afirma: «[…] En el duelo complicado, las emociones dolorosas son tan duraderas y graves que te cuesta recuperarte de la pérdida y reanudar tu vida […]. Es como permanecer en un estado constante y elevado de duelo, y eso nos impide sanar»*. Es como si alguien hubiera puesto en marcha el ciclo de centrifugado de la lavadora y nosotros estuviéramos dentro, girando constantemente en la negrura.

---

* «Complicated Grief», Clínica Mayo, consultado el 7 de octubre del 2023, https://www.mayoclinic.org/diseases-conditions/complicated-grief/symptoms-causes/syc-20360374.

Desde mi experiencia, con la llegada del duelo, la mayoría de las personas se encuentran en este aparentemente inacabable agujero negro, perdidas, confusas y solas.

Curar el dolor profundo
por la pérdida de un ser querido

Si hay algo importante que se deba repetir, es lo siguiente: la intensidad del dolor es la que decide cuándo termina para ti, y no al revés. De todas formas, es esencial resaltar que puedes adoptar un papel activo en tu sanación. Te animo a que seas proactivo, porque eso es, en último término, lo que desea tu alma. Si te parece imposible en este momento, no pasa nada. Como en cualquier camino penoso, es cuestión de ir paso a paso…, aunque se trate de pasitos diminutos. Veamos algunos enfoques útiles que te pueden ayudar a empezar a recorrer el camino de la sanación del duelo.

- **Apóyate en otras personas:** Esto es lo primero, porque es lo más importante. El dolor deja a muchas personas aisladas y nuestra sociedad premia la independencia por encima de la interdependencia. Encontrar formas de apoyarse en otros durante el proceso de duelo es vital para la sanación. Ya sea con un terapeuta especializado, un grupo de apoyo, amigos y familiares con experiencia personal en este tema o todos ellos, hablar (¡y hablar un poco más!) acerca de tus sentimientos debilitantes de pérdida es fundamental para superar lo peor del proceso. Haz todo lo que puedas para hablar con otras personas de tu ser querido y de la desesperación que sientes ante su pérdida física, aunque te cueste. ¡*Sobre todo* si te cuesta! Como dijo el poeta Henry

Wadsworth Longfellow, «No hay duelo como aquel que no habla».

- **Medita:** La práctica de la meditación nos trae al momento presente, y ahí es precisamente donde reside el duelo. A veces debemos distraernos en el camino del duelo, porque, de lo contrario, resultaría excesivo y no podríamos soportarlo; pero, por otra parte, evitar de forma constante el dolor solo conduce a prolongar el proceso de sanación. En ocasiones debemos afrontarlo o corremos el riesgo de vernos bloqueados por un duelo prolongado y complicado. La meditación nos permite estar en el ahora y afrontar la pena de cara, o al menos hacerlo un ratito cada día. Considéralo un dolor a corto plazo y una ganancia a la larga en el proceso de recuperación del duelo.

- **Mueve el cuerpo:** Hay montones de investigaciones que demuestran que la pena se manifiesta en el cuerpo físico y que la forma de sacarla de él es *moverse*. Por desgracia, levantarse de la cama para dar un paseo, practicar yoga, ir al gimnasio o hacer cualquier ejercicio físico del que antes solías disfrutar, en el duelo se convierte en algo difícil, porque tendemos a sentirnos agotados. No hay más vueltas que darle: la terapia de sudoración funciona, igual que el baile. El movimiento nos ayuda a liberar los bloqueos y puede producir unos beneficios enormes en el proceso de sanación.

- **Practica ejercicios respiratorios:** El duelo no procesado crea bloqueos energéticos en el cuerpo, y los ejercicios respiratorios son otra herramienta estupenda para liberarlos y empezar a sanar. Este tipo de ejercicios consisten en practicar una respiración rítmica profunda y consciente para poner en marcha el sistema nervioso parasimpático e inducir un estado de calma y relajación. Nos ayudan a entrar en nuestro cuerpo, donde de manera innata sabemos cómo procesar el duelo. Son una herramienta muy hermosa para apoyarte en tu camino hacia la sanación.

- **Consulta con un médium:** Encontrar una conexión continuada con un ser querido que ya ha hecho el tránsito nos ayuda a sanar el duelo, y todo el mundo tiene la capacidad de establecer sus propias conexiones directas; ahora bien, recuerda que, cuando estamos sumidos en la agonía de la aflicción profunda y deseamos más que nunca establecer ese contacto, nos resulta más difícil. El problema es que la pena puede disminuir nuestra vibración, con lo que se interpone en el camino de la energía entre la persona fallecida y nosotros. No es porque el dolor sea *malo*. De hecho, es necesario. El problema es que lleva consigo una energía de vibración pesada. Al mismo tiempo, la de los espíritus es excepcionalmente fuerte. Concertar una sesión con un médium es una forma eficaz de tener noticias de tu ser querido y conocer de primera mano que sigue estando presente y constituyendo una parte muy importante de tu vida, sobre todo en los primeros días, cuando el dolor intenso provoca interferencias en tu comunicación con el mundo espiritual.

Sanar el duelo es un objetivo alcanzable. No hay plazos de tiempo ni una forma determinada de hacerlo. Lo único que debes saber es que, cuando estás preparado, tienes ayuda a tu alcance. Todos necesitamos pasarlo en un momento u otro. Es importante, y no podemos acelerar el proceso. Lo que sí podemos hacer es trabajar proactivamente en favor de nuestra sanación; pero, en gran medida, tarda lo que tarda. Debes ser paciente contigo mismo y con tus seres queridos, y permanecer abierto a que te envíen mensajes de distintas formas inesperadas. Quizá algún amigo tuyo que haya tenido una experiencia reciente con un médium haya recibido un mensaje para ti. Eso no significa que a tu ser querido le importe él más que tú, sino sencillamente que tu amigo estaba disponible en ese momento para que llegase el mensaje, por la razón que fuese. Tu ser querido en el mundo espiritual está esperando a que se alivie tu dolor y a que tu vibración aumente lo suficiente como para poder comunicarse contigo.

A ese respecto, quizá te hayan dicho también que debes esperar a que se pongan en contacto contigo, porque *ellos* no están preparados, pero es una tontería. En el otro lado no hay «tiempo». Nosotros somos los que debemos prepararnos, no ellos. Y no pasa nada por no estarlo. La clave es mostrar compasión y paciencia con nosotros mismos mientras estamos sumidos en la experiencia de la noche oscura.

Nos han creado de la forma más asombrosa. Nunca nos echan encima más de lo que podemos manejar, y eso incluye los momentos más difíciles de la vida. El dolor va y viene, y, cuando creemos que no podremos soportar ni un minuto más, incluso cuando sentimos que no podemos manejar otra ráfaga de dolor intenso, deja de apretarnos el tiempo suficiente para que podamos respirar. Ahora bien, lo cierto es que sí *podemos* soportar el dolor; estamos construidos para ello. Habrá oleadas de aflicción debilitante que te harán sentirte como si te estuvieras ahogando, y al principio serán enormes y complicadas; pero poco a poco y con el tiempo, su intensidad irá disminuyendo gradualmente. De todas formas, el mundo espiritual nos ofrece también momentos de alivio en el duelo para que podamos ir avanzando despacito en el camino de la sanación.

Incluso durante el dolor profundo, son momentos que nos regalan para que podamos respirar un poquito mejor ¿Significa

eso que nunca vamos a poder hacerlo como antes de la pérdida? No. El duelo nos cambia, de eso no hay ninguna duda. Jamás acabas de procesarlo por completo. Siempre formará parte
de ti. Pero no tiene por qué consumirte. Al principio sí lo hace,
y es natural, pero a medida que va pasando el tiempo, se reclu-
ye en el espacio de tu alma en el que debe asentarse. Y, cuando
está en él, empiezas a avanzar y a atravesarlo.

Mitos acerca del duelo

- El dolor desaparecerá si lo ignoras y finges que no existe.
- Ante una pérdida, tienes que ser fuerte.
- Entre el principio y el final del proceso de duelo pasa un año.
- Seguir adelante con tu vida significa que has olvidado a tu ser querido.
- Puedes controlar el proceso de duelo.
- Si la gente va a visitarte, debes ser fuerte y demostrarles que lo estás llevando bien.
- Llorar significa que eres débil.
- La risa es mala cuando estás de duelo.
- El tiempo todo lo cura.
- Hablar de la pérdida no hará más que empeorar la situación.
- Tu dolor deprime a los demás, así que debes evitar ver a amigos y familiares.
- Si empiezas a vivir de nuevo, deshonrarás a tu ser querido.
- Superar la pérdida significa que no le amabas.
- Jamás volverás a verlo.

Verdades acerca del duelo

- Reír o participar en actividades no significa que le hayas olvidado.
- Está bien hablar de tus seres queridos en espíritu; de hecho, es sano.
- La pena no es algo que puedas controlar. Permite la llegada de los sentimientos cuando se presenten.
- Con el tiempo, el dolor se vuelve menos intenso, pero no desaparece.
- No estás loco.
- La forma de salir del dolor es atravesándolo.
- El duelo es algo personal.
- Está bien no ser fuerte.
- Tienes derecho a sentir la pérdida.
- No puedes salir del dolor hablando.
- El duelo es una parte normal de la vida.
- El dolor es como una montaña rusa: va y viene.
- Las personas se necesitan unas a otras; comparte tu pena con amigos y familiares en los que confíes.
- El duelo dura más de lo que imagina la mayoría de la gente.
- El duelo no es algo que debamos solucionar.
- Cuando estás de duelo, no tienes que encontrar una «parte buena».
- Volverás a ver a tus seres queridos.

Sé que nunca me sentiré como antes tras las pérdidas dolorosas que he soportado, pero he encontrado formas de llenar los huecos que han abierto en mi vida. Puedes enamorarte y casarte. Puedes encontrar un trabajo nuevo que llene tu tiempo y te devuelva un propósito en la vida. Puedes dar un salto de fe y mudarte a ese sitio en el que siempre quisiste vivir y, en consecuencia, conocer al tipo de amigos del alma que son como de la familia. Sanarás porque estás diseñado para ello. No porque no sigas de duelo, ni porque dejes de echarles de menos, ni porque no sigas pensando en ellos cada día, sino porque estamos diseñados para rellenar los huecos que crea la pérdida con nuevos tipos de amor. Así es como muestra su misericordia el Espíritu.

En el duelo, todos tus sentidos, emociones y sentimientos hacen horas extra para sobrevivir a la intensa pérdida. Trátate con amabilidad y sé consciente de que, mientras vayas avanzando en el proceso de sanación, tus seres queridos estarán a tu lado, amándote y guiándote por uno de los caminos más dolorosos —pero espiritualmente transformadores— de tu vida: la pérdida. Es una parte de la vida, porque también el amor lo es. Amor y pérdida son sinónimos: si amas, perderás. No se puede tener el uno sin el otro. Esa es la realidad del ser humano.

Cuando vemos el duelo de esta manera, como parte de nuestra misión de crecimiento del alma aquí en la tierra, podemos empezar a avanzar más fácilmente hacia la sanación. Los sentimientos deben brotar y salir; si queremos sanar, estamos condenados a sentir. Y esto nunca ha sido tan cierto como con la pérdida. No hay atajos para el duelo; tenemos que *atravesarlo*. La única cura es hacerlo.

Callie F.

Nunca resulta fácil perder a un ser querido, y yo perdí a mi padre. El miedo de que alguien me manipulara me hizo muy escéptica ante la idea de acudir a un médium, pero necesitaba respuestas. Tenía que encontrar una forma de conectarme con él. Me sentía inquieta, pero tras leer cosas sobre Susan, decidí concertar una cita con ella.

La solicité utilizando el nombre de mi marido, para que ella no tuviera ninguna información que consultar en caso de que no fuese honrada. Se sorprendió mucho cuando yo, una mujer, entré a verla.

Se mostró muy acogedora y cariñosa, como si fuese una amiga. Bueno, tengo que decirte que mi padre se manifestó alto y claro. No solo mencionó nombres y sucesos concretos, sino que se expresó con su sentido del humor y sus características personales, por lo que no pudimos negar que era realmente él. Susan me dijo que estaba con mi abuela, que se había reunido con él para ayudarle a hacer el tránsito. Supo incluso su apodo. También fue capaz de nombrar cosas que solo mi familia sabe.

Pudo canalizarlo para nosotros y obtuvimos respuestas acerca de su tránsito que nadie más podría saber. Susan nos describió un pelo oscuro, patillas, grandes gafas de sol y música. Empezó incluso a hacer una danza divertida y tonta que mi padre solía realizar. Rompió a cantar una canción de Elvis y mi madre y yo llorábamos a gritos porque era la que él cantaba. Era un gran imitador de Elvis.

Tuve la sensación de estar hablando con él por primera vez desde que murió. Qué regalo y que gran habilidad comparte con el mundo. Soy incapaz de expresar con palabras el grado de paz y consuelo que nos proporcionó. Su don es absolutamente asombroso.

EN SUS PROPIAS PALABRAS

Sal T.

A mi padre lo asesinaron una semana antes de que yo cumpliera quince años. Incluso cuando me estaba acercando a los cincuenta, el dolor seguía siendo palpable cada día. Siempre deseé que hubiera podido conocer a mi mujer y a mis hijos y ver mis logros. Quería creer que sabía estas cosas, pero no había tenido una confirmación. Él había inmigrado a EE. UU. desde México cuando mi madre estaba embarazada de mí. Como sus hijos fuimos ciudadanos de primera generación, tenía muchos sueños para nosotros. Yo he hecho más de lo que jamás imaginé (he sido funcionario electo, propietario de un negocio y educador nacional del año en 2006) y la angustia que sentía por no poder compartir estos logros con él era enorme.

Mi mujer conoció a Susan en su página web y tenía la esperanza de que una sesión pudiera aliviar parte del dolor que yo afrontaba desde el día que mi padre falleció. Las historias que relataban sus clientes eran asombrosas, pero a mí me seguía costando creer que la mediumnidad fuera algo serio.

El día de la cita para la lectura, me sentía algo nervioso, porque mi mujer estaba muy excitada y yo pensaba: «¿Cómo voy a consolarla cuando nos demos cuenta de que esto no es de fiar?». No terminaba de creérmelo. Sin embargo, justo antes de salir de casa, mientras me estaba vistiendo, vi un cinturón de mi padre que mi hermano me había dado hacía poco. Me recuerda a él, porque siempre lo llevaba puesto. Es una prenda tradicional mexicana con una gran hebilla de plata y una tira tejida para la cintura. Cuando lo vi, le dije mentalmente a mi padre: «Si esto es verdad, me vas a hablar de este cinturón». Pero no le comenté nada a mi mujer.

Cuando llegamos al despacho de Susan, me llevaron al espacio de la sesión y me senté con ella. Se mostró muy amable y me explicó cómo era el proceso. En cuanto empezamos, me dijo que percibía una presencia masculina, me miró con una expresión rara y me dijo:

—Hay algo relacionado con un cinturón.

¡¿QUÉ?! Conmoción. Y. Asombro.

Luego me dijo que hacía tiempo que se había ido (yo incluso me había vestido de negro para hacerle creer que había muerto recientemente). Escribió algo en su cuaderno y preguntó:

—¿Qué significa el número 15?

Le respondí que tenía casi esa edad cuando mi padre falleció. Entonces me enseñó que eso era lo que había escrito. ¡Una forma increíble de empezar la experiencia! Creo que fue lo que me permitió estar más relajado y abierto ante el resto de la información que me transmitió.

A continuación empezó a señalar cómo había muerto y las consecuencias para el asesino. Trajo a varios familiares más; uno de ellos era mi abuela, la madre de mi padre, que había fallecido más recientemente y vino para decir que estaba ahí; pero todos se retiraron para que yo pudiera estar con él.

Menudo regalo. Es la mejor forma de describirlo. Me quitó un gran peso de encima. Está claro que todavía estoy apenado y con sensación de pérdida, pero ahora creo que mi padre está conmigo y que conoce mi éxito con mi familia y mi profesión.

Después de esta experiencia, he compartido la información de contacto de Susan e incluso he pagado sesiones a amigos y familiares que han sufrido una gran pérdida y siguen destrozados por el duelo. Ellos también tuvieron experiencias similares de «Conmoción. Y. Asombro». Es un regalo que sigue surtiendo efecto en el resto de mi familia y en muchas otras personas. Gracias, Susan.

MOMENTO DE INTEGRACIÓN
Crece a partir
de lo que atraviesas

Si no manejas los sucesos dolorosos de la vida, ellos te manejarán a ti. Podemos empezar el proceso de sanación reconociendo nuestro dolor en lugar de evitarlo. Cuando estés preparado, te invito a que encuentres un lugar tranquilo donde puedas estar solo, sin distracciones, y elijas cualquiera de las propuestas siguientes para empezar a trabajar cualquier duelo no resuelto o complicado que puedas tener.

- ¿En qué tipo de duelo estás? ¿Inesperado? ¿Anticipatorio? ¿Complicado?
- ¿De qué maneras te has ayudado a ti mismo a sanar el duelo en tu vida?
- ¿Qué cosas has hecho para mejorar tus habilidades de afrontar el duelo?
- ¿Qué o a quién has perdido y te ha producido dolor? Ya sea un fallecimiento, un divorcio, la infertilidad, una mudanza no deseada, la pérdida de un trabajo o la muerte de una mascota, todas estas pérdidas y muchas otras conllevan un ciclo de duelo.
- Después de una pérdida significativa, ¿qué herramientas utilizaste para redefinir los objetivos de tu vida?
- ¿Cómo te están funcionando en tu vida cotidiana?
- ¿Tienes la sensación de que podrías haber impedido la muerte de tu ser querido?
- ¿Tienes la esperanza de que, a su debido tiempo, volverás a sentirte tú mismo y aceptarás tu nueva normalidad?

Ejercicio del capítulo

Recuerda que el duelo es una respuesta natural a la pérdida. Todas pueden resultar abrumadoras. No hay ninguna forma buena o mala de hacer el duelo. Aquí tienes unas cuantas sugerencias que te ayudarán a sanar.

- Acude a un grupo de apoyo.
- Escribe un plan para futuras vacaciones, aniversarios y días u ocasiones especiales. Estos acontecimientos pueden pillarte desprevenido y desencadenar unos

recuerdos incontrolables y dolorosos de la pérdida de tu ser querido. ¡Tener un plan ayuda mucho!

- Habla en voz alta a tu ser querido y mantén una conversación tranquila con él para hacerle saber cómo te sientes y lo mucho que le echas de menos.
- Descansa lo suficiente. Es vital para sanar del agotamiento del proceso de duelo.
- Mueve el cuerpo. La actividad física puede aliviar el estrés, la ansiedad y la depresión.
- Pon algo de música y baila. El movimiento es sanador, una conducta que libera energía y puede ayudar a aliviar los momentos estresantes.
- Visita a tus amigos y recuprre a ellos siempre que puedas.
- Escribe una carta a tu ser querido fallecido.

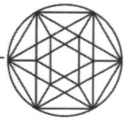

CAPÍTULO 11

Émpatas: el camino del corazón

COMO ÉMPATA, no ha habido ningún momento de mi vida en el que pudiera evitar recoger las emociones de los demás. Daba igual que fueran positivas o negativas. Lo sentía *todo*, absolutamente *todo*. A los pocos minutos de entrar en una habitación, me veía rodeada de energía y con una percepción de cómo iba a transcurrir la velada basándome en lo que proyectaban los presentes. De niña, solía sentirlo *antes* de entrar. Era como si penetrara las paredes. Muchas veces percibía primero lo negativo; era un mecanismo de protección para calibrar mi seguridad.

Todavía no sabía escuchar a mis instintos, pero sí me daba cuenta de lo que sentía. Cuando algo iba mal, lo *notaba*, aunque manejarlo era otra historia. Lo absorbía todo —lo bueno, lo malo y lo feo— y sin querer lo atraía hacia mí como si fuese un imán; como si una fuerza energética creara una sensación de conocimiento en mi interior. Lo comparo con llevar un gran peso en una polea que podía hacerme subir y bajar dependiendo del estado de ánimo que percibiera a mi alrededor.

Es más que probable que tú seas un émpata si te has sentido así desde siempre. De todas formas, eso te convertiría en parte de una minoría muy especial. Aunque la mayoría de la gente (a excepción de los sociópatas) tiene la capacidad, en distintos grados, de *sentir* empatía hacia los demás, según un estudio publicado en la revista *Nature Neuroscience* en 2007 solo entre el 1 y el 2 por ciento de la población son *auténticos* émpatas*. Si esa cifra te parece baja, es porque hoy en día se ha puesto de moda que la gente se etiquete a sí misma como tal. Sin embargo, existe una gran diferencia entre tener la *habilidad* de ser empático con los demás y ser lo que yo denomino un «alma émpata», una persona cuya *identidad* fundamental está construida sobre una base compasiva.

TENER UN ALMA ÉMPATA FRENTE A TENER CUALIDADES EMPÁTICAS

Las almas émpatas encarnan las cualidades y las características de la empatía en un nivel profundo y fundamental; es el principal atributo de su ser. El término *empatía* deriva de las palabras griegas *em* ('en') y *pathos* ('sentimiento'). Aunque una persona con *cualidades* empáticas puede muy bien poseer una capacidad elevada de percibir y sentir las emociones, la energía y las experiencias de los demás, las *almas* émpatas viven constantemente «en el sentimiento».

Estas almas penetran en los sentimientos de los demás; no solo son capaces de ponerse en la piel de otro, sino que lo hacen de manera automática y *por defecto*, muchas veces hasta tal punto que les cuesta centrarse en sus propias necesidades antes que en las de los demás.

---

* Michael J. Banissy y Jamie Ward, «Mirror-touch Synesthesia Is Linked with Empathy», *Nature Neuroscience*, 10 (agosto de 2007): 815-6. https://www.researchgate.net/publication/6263804_Mirror-touch_synesthesia_is_linked_with_empathy

Aunque la mayor parte de la gente vive desde su mundo emocional interior y lo proyecta hacia afuera, las almas émpatas lo hacen, por el contrario, de *fuera adentro*; sienten abiertamente lo que está fuera de ellas, y eso a su vez influye sobre los sentimientos que albergan en su interior. Absorben las tensiones, los dolores de cabeza y la felicidad de la energía que las rodea.

Las personas que no son almas émpatas —repito: son la mayoría de la gente— filtran sus experiencias vitales sobre todo a través de la mente. Piensan, analizan, emplean la lógica y luego *sienten*. Los émpatas, por el contrario, lo hacen sobre todo a través del corazón. Sienten, perciben, ponen en marcha la emoción y luego *piensan*.

Si, por ejemplo, me pusiera a hablar de un suceso emocional de mi vida, como la pérdida de mi abuela, la mayoría de la gente entendería y se identificaría con mi tristeza, bien porque compartiese mi experiencia con ellos, o bien porque ellos mismos hayan sufrido una pérdida similar. Lo más probable es que sintieran empatía hacia mí porque es una historia triste. Podrían incluso llorar conmigo, pero filtrarían mi relato a través de su cerebro conocedor y pensante. «Sé que Susan está triste, de duelo, y lo entiendo, y le abro mi corazón».

Un émpata no solo sabrá lo que estoy experimentando, sino que también podrá sentirlo internamente. No solo *sabrá* que estoy de duelo y se sentirá triste por mí, sino que *percibirá* mi dolor. Llorará conmigo no porque le haya contado que estoy mal, sino porque se identificará tanto con el dolor que sentirá compasión hacia la experiencia.

Quería empezar este capítulo explicando esta distinción porque es fundamental. No todo el mundo es un émpata natural, ni tendría por qué serlo. Es importante señalar que existe un amplio espectro en la empatía y que las investigaciones han demostrado que se puede desarrollar a lo largo de la vida.

Las características de un émpata

Durante el resto del capítulo voy a emplear el término *émpata* para referirme tanto a las escasas almas émpatas como a muchas otras que viven con cualidades empáticas elevadas, es decir, todas aquellas personas que poseen una gran sensibilidad a las emociones, la energía y las experiencias de los que las rodean. Si te identificas como tal, en este capítulo conocerás las herramientas adecuadas para manejar tus cuerpos emocionales y tus facetas más tiernas en un mundo cada vez más endurecido.

Como ya he dicho, no recuerdo ningún momento en que no lo sintiera *todo*. Pasé tanto tiempo en mi vida intentando sanar todo y a todos que ignoré la importancia de sanarme a mí misma. Quería que el mundo fuera un lugar seguro, amable, cariñoso y considerado. La mayor parte del tiempo, lo era, pero el resto resultaba duro y confuso.

Antes de analizar la manera de gestionar este regalo tan bello y desconcertante, voy a darte algunas indicaciones inequívocas de lo que siente un émpata. Allá donde vamos, la gente tiende a vaciarnos su corazón. Incluso los extraños se sienten atraídos hacia la energía amable que emitimos. Sucede sin ningún aviso previo. Como un émpata ejerce una atracción magnética natural, las personas tienden a moverse hacia nosotros para encontrar consuelo, comprensión y una escucha amable. Comparten con nosotros detalles íntimos aunque acaben de conocernos. Confían en nosotros, y así debe ser, porque somos almas amables que nos preocupamos de verdad por el dolor de los demás. Respondemos con amor, respeto y comprensión hacia sus sentimientos. Debemos tener cuidado, porque tendemos a percibir lo que están sintiendo los demás antes de que nos demos cuenta de que hemos captado su energía. He aquí algunas de nuestras características más habituales.

- **Somos sensibles:** Ser *un* émpata no tiene nada que ver con el rasgo de ser excesivamente sensible. Somos sensibles; percibimos la sensibilidad del mundo y respondemos a ella. Podemos vernos saturados de sentimientos, ya sean propios o ajenos. Sabemos lo que otros están intentando comunicar sin que tengan que decir ni una sola palabra. Por eso resulta lógico que percibamos todas las emociones que tenemos a nuestro alrededor y estas nos abrumen rápidamente. Compartimos con los demás nuestro amor y nuestro tiempo, y nuestra energía es absolutamente necesaria en este plano en el que habitamos.

- **Queremos la verdad:** Los émpatas conocen y perciben la energía de la mentira. Cuando alguien no nos está diciendo la verdad, queremos dudar de nuestra opinión, y eso es algo que tiende a confundirnos, pero lo *sabemos*. Sufrimos cuando la gente nos miente y tendemos a asumirlo como si fuera algo que nosotros hubiéramos provocado.

- **Nos aferramos a las historias horribles:** Una vez lo sentimos, ya no podemos *dejar* de hacerlo. Nos sentimos abrumados cuando nos cuentan los horrores del mundo. Evitamos a toda costa las imágenes negativas. Si alguien nos cuenta una historia dolorosa, reaccionamos internamente y el relato quedará grabado en nuestra mente durante meses, a veces incluso durante años. Hasta un anuncio puede afectarnos si muestra cualquier tipo de sufrimiento.

- **Creemos que la paz se obtiene a través de la sanación:** Los émpatas ayudamos y sanamos. Ya de niños, queremos que todo sea alegre y sano. Te orientamos en todo aquello que puedas estar sintiendo en el grado que sea. Si no estás físicamente bien, si sientes una tristeza abrumadora, depresión o agitación, atravesamos todas esas emociones contigo y queremos ayudarte. Estamos conectados con todas aquellas personas que nos importan, y son casi todas.

- **Sufrimos ansiedad**: Tenemos una fuerte tendencia a sufrir ansiedad en medio de las multitudes, aunque nos sintamos cómodos en ellas. *Percibimos* la energía de la habitación, y eso aumenta la nuestra, lo que en ocasiones nos produce estrés. Cuando nos vamos, nos llevamos con nosotros los sentimientos de los demás, así que debemos tener cuidado de no ponernos el abrigo de emociones de otras personas.

- **Somos aquellos a los que todo el mundo acude**: Escuchamos y compartimos sin límite de tiempo y, cuando las cosas pueden con nosotros, escuchamos y compartimos un poco más. Disponemos de una respuesta naturalmente sabia a las preocupaciones y la confusión. Es un regalo que tenemos, llamado don de discernimiento, y *queremos* compartirlo con los demás.

- **Somos leales hasta el exceso**: Si nos haces daño, te perdonaremos una y otra vez. Se nos da estupendamente olvidar, y por eso cuando repites conductas que nos perjudican, a nosotros o a otras personas, y pides perdón, te *creemos*. Queremos que todo el mundo sea lo mejor posible, así que los vemos de este modo. Cuando nos demuestran que estamos equivocados, se nos rompe el corazón y quedamos desconcertados. Si nos dices que has cambiado, te creemos porque lo has dicho.

- **Somos intuitivos**: Percibimos quién eres antes de conocerte. Sabemos si eres peligroso o no. No siempre escuchamos, porque tendemos a ver la mejor faceta de los demás aunque nos demuestren lo contrario, pero aun así percibimos lo que eres. No te dejes engañar por nuestra indulgencia; somos más sabios de lo que crees. Nuestra intuición nos dice qué es lo mejor que debemos hacer a continuación, pero no siempre escuchamos a esa vocecita interior, porque la ternura se interpone.

- **Amamos a los animales y ellos nos aman a nosotros:** Tendemos a apoyarnos en ellos buscando consuelo y ellos nos lo ofrecen encantados. Tenemos un vínculo natural; nos comunicamos con ellos sin necesidad de hablar. Son nuestra familia, no nuestras mascotas. Cuando yo era niña, siempre que un animal estaba enfermo o me necesitaba, lo tenía en brazos durante horas y horas para ayudarlo a «sentirse mejor».

- **A menudo nos acosan y no formamos parte del grupo:** Por lo general, contemplamos las situaciones de fuera adentro. Yo lo comparo con mirar por una ventana, observar a los demás y querer ser como ellos para poder participar en la diversión.

NIÑOS ÉMPATAS

Volviendo al «pequeño cerebro» del corazón que vimos en el capítulo 8, puedes considerar que un émpata es alguien que se guía ante todo por el cerebro del corazón, el «asiento del alma». Primero siente con el alma el mundo que le rodea. Yo los denomino «videntes del alma», porque ven *con* ella y la ven en *todo*. Una vez que se ha comprendido y desarrollado esta condición, ser un émpata y reconocer la conexión entre el corazón y el cerebro es un regalo. Sin embargo, en un mundo tan abiertamente lógico, puedes imaginar que eso se percibe como una cruz que hay que llevar a cuestas, sobre todo por parte de los niños y los adultos jóvenes. Los niños con empatía innata lo tendrán sin duda más difícil en las primeras etapas de su vida.

Recuerdo de mi infancia ese anhelo profundo de pertenencia, de encajar. Era tierna y sensible. Quería que todo el mundo me quisiera y hacía todo lo posible para lograrlo. Era muy joven y pequeña, pero sabía que la gente necesitaba hablar y llorar. Sabía cuándo sufrían un dolor físico y emocional, y quería hacer que se pusieran bien. Albergaba mucho miedo, porque percibir emocionalmente todo lo que te rodea puede resultar muy intenso. A menudo me angustiaba y me asustaba del daño físico y emocional, pero era una sanadora. ¡Amaba todo y a todos, y estaba segura de que me correspondían!

Me costó muchos años e infinitas lágrimas reconocer el poder y la belleza de mi alma émpata. Intentaba sanar todo lo que estaba roto, pero, a medida que mi vida iba avanzando y me daba cuenta de lo distinta que era de los demás, empecé a percibirme a mí misma como la más rota de todos.

Ver a nuestros hijos agobiados produce una sensación enormemente dolorosa y de impotencia. Sobre todo, cuando creemos que no podemos hacer nada para mejorar su situación. Sin embargo, recuerda que su energía empática es lo que los convierte en las almas únicas y amorosas que son. Ofrecerles paciencia y amor les ayudará a aprender no solo a entender su don, sino también a ver lo que está bien en su mundo.

Cuando estaba creciendo, tuve la suerte de contar con otros émpatas en mi casa, y ahora le doy gracias a Dios por ello. No sé cómo habría sido mi vida si no hubiera tenido ese apoyo. Creo que eso hizo que me sintiera parte del conjunto. Ofrecer a tu hijo orientación en casa puede marcar la diferencia en su camino. El asesoramiento, los mentores y otros recursos también pueden beneficiarlos de manera significativa.

Los niños émpatas pueden necesitar ayuda para compartir de forma productiva sus sentimientos, y eso significa proporcionarles espacios seguros y de apoyo. De este modo, pueden crecer y ampliar sus dones, y, al final, convertirse en sanadores del mundo. Existen distintas normas de interacción para este tipo de niños. Aprender a manejar la intensidad de sus sentimientos es algo fundamental.

Cuando yo era niña, quería que el mundo fuera seguro, amable, amoroso y considerado, pero a menudo me resultaba duro y confuso. Me sentía atraída hacia personas que *no* eran amables y cariñosas, y aprender a distinguir quiénes lo son y quiénes son crueles y egoístas es el *rito de paso* que permite al émpata crecer y acceder plenamente a la magnificencia de su superpoder.

CÓMO APOYAR A TU HIJO ÉMPATA

La empatía es la medicina que el mundo necesita, y tu hijo émpata es un alma hermosa y única que ha venido a administrarla. Sin embargo, las riadas de estímulos que llegan a estas almas pueden hacer que los niños y los adultos jóvenes se sientan deprimidos, sobre todo si no reciben apoyo en su camino para comprender y utilizar su naturaleza empática. Con tu amor y tu orientación, te aseguro que aprenderán a navegar por el mundo con confianza y gallardía. Guíales para que utilicen su empatía para ayudar al mundo, como están destinados a hacer. Aquí tienes algunas formas de apoyarlos:

- Asegúrate de que su hogar es un lugar seguro.
- Enséñales a manejar situaciones que les desconcierten.
- Como con todos los émpatas, es esencial enseñarles a cuidar de sí mismos.
- Muéstrales cómo establecer límites y asegúrate de que les enseñas a través del ejemplo.
- Enséñales a decir que NO; es fundamental para el cuidado de uno mismo y para la autoestima.

- Muéstrales cómo retirarse de situaciones o entornos en los que se sientan incómodos.
- Y lo más importante, muéstrales amor y aceptación. Con tu ayuda aprenderán a gestionar su energía empática y, al conocerla en su totalidad, al final prosperarán con ella.

Si te sientes abrumado por la capacidad de empatía de tu hijo, plantéate la posibilidad de buscar recursos para él, como terapias o grupos de apoyo. Eso puede ayudarle a conectarse con otras personas que comparten su experiencia, y aprenderá mecanismos de afrontamiento.

CUIDADO CON LOS NARCISISTAS

Los narcisistas entran a menudo en el mundo de los émpatas, y en ese momento se produce un baile poco saludable entre ambos. Los narcisistas se sienten atraídos por los émpatas porque consideran que estos tienen la capacidad de atender sus necesidades y llenar su vacío, por así decirlo. Intentan encontrar validación, y a los émpatas se les da muy bien ofrecerla.

Al igual que la empatía, el narcisismo cubre un espectro de manifestaciones. Las personas con rasgos narcisistas no siempre son diagnosticadas como tales, y eso puede resultar confuso. Un narcisista auténtico tiene un sentido extremo de sus derechos. Es manipulador y está centrado en sí mismo. Recuerda que también pueden ser personas intuitivas que crean una situación en la que se ganan la confianza del émpata. Imagina lo vulnerable que es este último a la fascinación y al daño emocional que le puede provocar el primero, dado que el émpata está siempre cubriendo las necesidades de los demás; su alma es extremadamente abierta e indulgente.

Tendemos a considerar a los émpatas como personas altruistas, pero a veces pueden tener segundas intenciones. En realidad, el hecho de ser razonable y acomodaticio produce beneficios; nos ayuda a sentirnos valiosos y dignos de ser amados. Cuando lo piensas, compruebas que no hay nada mejor que ser amado y considerado extraordinario. Sin embargo, el émpata suele hacer el bien a los demás porque se preocupa sinceramente por la condición humana. Me he dado cuenta de que es prudente sugerirle que pregunte a su yo superior: «¿Quién es esta persona con la que estoy?». Si hace una pausa suficientemente larga, percibirá la verdad y sabrá si está tratando con una personalidad narcisista.

Un narcisista auténtico puede mostrarse excesivamente encantador, y por eso en ocasiones resulta difícil reconocerlo. Es necesario asegurarse con qué tratamos cuando estamos en el mundo. Lo que observo con más frecuencia es que el émpata permanecerá en una situación en la que pueda estar constantemente entregándose sin recibir nada a cambio. Eso, al cabo de los años, puede resultar muy perjudicial para su alma. Ten en cuenta que, tanto si el émpata resulta emocionalmente dañado como si no, sanará, porque la sanación es algo que le llega de manera natural y es su superpoder. Puede perdonar a la persona que le hizo daño, y hacerlo con amor, pero jamás olvidará. Quizá le resulte particularmente complicado, pero su tendencia natural a permanecer humilde y sanado es más fuerte de lo que él mismo imagina.

A los narcisistas les encanta utilizar esta frase: «¡Eres *demasiado* sensible!». Los émpatas la escuchan con tanta frecuencia a lo largo de su vida que se podría escribir un capítulo entero solo sobre ella. Un émpata no tiene claro que esté siendo «demasiado sensible». Yo he llegado a un punto en el que lo he oído tantas veces que ahora respondo:

—Tienes razón; *¡soy una persona altamente sensible!*

Recuerda que su sensibilidad es su fortaleza. Los narcisistas lo lanzan como si fuese un insulto, pero lo cierto es que no es nuestro defecto, porque abre de manera innata la puerta de nuestro conocimiento, de nuestra intuición, si la escuchamos.

Por tanto, constatar nuestra intuición nos permite reconocer que la sensibilidad no es un *defecto* nuestro, sino que es lo que tenemos de *bueno*. Entendemos el mundo que nos rodea en un nivel profundo, nos guiamos por el corazón y vemos con el alma…, y esto es algo de lo que debemos *enorgullecernos*, no avergonzarnos. Es importantísimo que nos replanteemos esto y veamos nuestra naturaleza empática como una fortaleza y no como una debilidad. Piensa que, si sabes cómo entender y manejar tu sensibilidad, ser un émpata se convertirá en el mayor regalo de tu vida.

Aquí tienes algunas de las herramientas que el émpata puede utilizar para minimizar los daños de la relación narcisista, proteger su bienestar y evitar que los narcisistas entren en su mundo:

- **Pon límites:** ¡Aprende a decir que no! Establecer límites claros no implica que la otra persona no los vaya a cruzar, porque puede hacerlo, pero debes saber cómo actuarás cuando lo haga y poner en práctica ese plan. Cuando trates con un narcisista, limita el tiempo que pasas con él. Mantén la distancia lo que puedas una vez hayas reconocido con quién estás tratando.
- **Cuida de ti mismo:** Los émpatas deben aprender a transformar sus problemas terrenales en su superpoder espiritual. ¿Cómo hacerlo? Cuidando de sí mismos. Parece fácil, pero no lo es. Tienen que aprender a cuidar *en primer lugar* de su bienestar emocional. Nuestra obligación es enseñarles a proteger el cuerpo emocional. Es un requisito del camino del alma en esta vida. El

autocuidado es la clave principal para reconocer tus posibilidades de elección. Si estás excesivamente cansado o atareado, no dedicarás el tiempo necesario a observar a las personas que te rodean. La meditación, el trabajo de respiración, descansar bien y hacer ejercicio físico pueden servir para centrarte, lo que te permitirá tomar nota de lo que está sucediendo en tus relaciones con los demás.

- **Conéctate con otros émpatas:** Trabaja tu autoestima. Una de las formas de hacerlo es estar con otros émpatas, que te animarán y te reforzarán. Y tú podrás hacer lo mismo por ellos. Por tanto, busca personas que piensen como tú.

- **Practica la empatía sin absorber las emociones de los demás:** Al émpata le cuesta aprender a no internalizar los sentimientos de los demás. Es esencial que sepa cómo mostrar compasión por otras personas y preocuparse por ellas sin internalizar sus sentimientos. No es fácil pero, con la práctica, puede conseguirse.

- **Busca apoyo profesional:** Si sientes que te está costando separar tus emociones de una relación narcisista y crear un entorno de seguridad, quizá haya llegado el momento de que busques una intervención exterior. Un buen sistema de apoyo puede ser el catalizador de una mayor conciencia y crecimiento.

Al aprender a establecer límites, priorizar el cuidado de sí mismos, practicar la empatía sin absorber las emociones de los demás y buscar ayuda profesional cuando lo necesitan, los émpatas pueden funcionar de una manera muy eficaz en el mundo sin dejar de ser fieles a sus habilidades y sensibilidades únicas.

¿Son todos los médiums émpatas?

Recuerda que los émpatas son sanadores. Nuestro mundo *necesita* centrarse en el amor y la sanación de la humanidad, y, para ello, debemos tener personas humanitarias. Eso es precisamente lo que son los émpatas: sanadores conscientes con capacidad para hacer de este mundo un lugar mejor. Podemos encontrarlos en todas las profesiones: médicos, artistas, profesores, etc. Y muchos, por supuesto, toman el camino espiritual, como hice yo.

Me preguntan a menudo si todos los médiums son émpatas. Quizá sorprenda a algunas personas saber que la respuesta es un desconcertante *¡no!* Me gustaría poder responder a esta pregunta tan importante diciendo lo contrario, y a menudo he tenido que luchar para aceptarlo. Quiero creer que todos lo son, teniendo en cuenta la naturaleza sensible de su trabajo, pero, por desgracia, he conocido a bastantes que no eran empáticos e, incluso, mostraban tendencias narcisistas. Por eso debes tener cuidado cuando invites a uno a tu campo energético espiritual.

Cómo averiguar si un médium es auténtico

Existen muchísimos médiums auténticos, tanto del tipo de alma émpata como de los empáticos, que solo quieren ayudar a la gente a sanar; pero también hay muchos fraudulentos con intenciones no tan buenas. Como en cualquier sector, unas pocas semillas malas pueden destruir la reputación de la mayoría.

Rasgos de un médium cuestionable

- Es posible que te diga que existen maleficios o apegos que deben eliminarse de tu cuerpo.
- Te da solo información general.
- Te pide más dinero para eliminar una entidad negativa.
- Le falta transparencia.
- Intenta inculcarte el miedo.
- Si parece demasiado bueno para ser verdad, probablemente así sea.

Recuerda: el mundo espiritual es amor y los mensajes que transmite están en consonancia. Haz tu tarea: si te parece raro, probablemente lo sea.

Rasgos de un médium espiritual auténtico

- Tiene un historial de testimonios y revisiones positivas.
- Pone por delante y en primer lugar tu bienestar.
- Está preparado en materia de ética.
- Proporciona una información específica, en gran medida exacta y significativa.
- No te pide más dinero.
- No te animará a regresar cada semana o cada mes.
- Está formado en su campo y entiende el duelo.
- No muestra una actitud alarmista.

Recuerda: los médiums también están pasando por una experiencia humana. Ninguno proporciona una precisión del cien por cien, ni siquiera los mejores. Si estás recibiendo una información inexacta, díselo. En ese momento, un médium íntegro y con valores interrumpirá la lectura y te ofrecerá la devolución del dinero.

Hay mucho que decir acerca de los émpatas. Podría llenar todas las páginas de un libro con ello. De momento, voy a finalizar subrayando un punto importante: son regalos para la humanidad y se les debe proteger por encima de todo. Tanto si eres el padre de uno, scomo si eres su amigo o eres tú mismo el émpata, ten en cuenta que eso no es un defecto; lo que está mal es el corazón colectivo de la sociedad. La tarea del émpata consiste en ayudarnos a repararlo.

Están aquí para ayudarnos a ver de una forma distinta. Así como la mayoría de la gente se orienta por la mente, el mundo de un émpata gira en torno al corazón, y este es el que sana y ayuda. Me gustaría repetirlo una vez más: los niños y adultos émpatas que todavía no entienden su don creen que les pasa algo malo cuando, en realidad, les pasa algo extremadamente bueno.

Nuestro mundo tiende a depender de datos, ciencia y lógica. Nuestra energía empática se basa en el conocimiento de nuestra alma. La verdad se aloja en algún lugar entre los datos y el sentimiento. Por tanto, la energía empática es un activo excelente para nosotros. Con independencia de la percepción común de que expresar sentimientos implica debilidad, el mayor regalo del émpata al mundo es su fuerte sensibilidad.

Percibir con intensidad el mundo que te rodea, ver con el alma y guiar con amor no es una debilidad. Todos estaremos de acuerdo en que a esta sociedad le vendría muy bien tener mucho más corazón, y para eso están aquí los émpatas, para abanderar una mejor forma de ser para la humanidad. Tanto si te consideras a ti mismo émpata como si no, buscar una mayor empatía en tu vida, llegar al camino dirigido por el corazón e intentar conseguir más amor será fundamental para el crecimiento de tu alma en esta vida.

EN SUS PROPIAS PALABRAS
Victoria

Cuando conocí a Susan, mi hija, Mia, estaba atravesando una etapa increíblemente dura de su joven vida. Había sido objeto de un acoso incesante y daba la sensación de que cargaba todo el peso del mundo sobre sus hombros. También veía cosas en su cuarto por las noches y le costaba dormir. No se relacionaba con otros niños y volvía a casa llorando y diciendo que odiaba su vida. Nosotros teníamos miedo por ella y se nos rompía el corazón. Poco podíamos imaginar que Mia tenía algo extraordinario: poseía el don del émpata y la capacidad de ver espíritus.

Desde el momento en que entramos en el despacho de Susan pude percibir su atención auténtica y su comprensión hacia Mia. Proyecta una energía instantánea de amor y posee un evidente sexto sentido, una capacidad innata de entender la profundidad del dolor y la lucha de mi hija. Escuchó con preocupación amorosa y creó un espacio seguro en el que Mia se sintió cómoda para abrirse a su dolor, sus miedos y su confusión.

Una combinación única de compasión, sabiduría y experiencia derivada de sus propias vivencias le permitió identificarse con nuestra hija y con sus dones. Al momento empezó a equiparla con las herramientas que necesitaba para gestionar sus emociones y asumir sus habilidades. Observar cómo Mia se iba transformando bajo su dirección fue asombroso. Con cada sesión se iba volviendo más fuerte, más segura y en paz consigo misma. Yo aprendí muchas cosas relacionadas con sus dones y Susan me enseñó cómo ayudarla a florecer.

El profundo impacto del apoyo que le proporcionó se hizo evidente en la manera en la que Mia empezó a sonreír, a reír y a coger confianza en sí misma. Al no estar ya sobrecargada de miedo, asumió su don de empatía, y su conexión con los espíritus se convirtió en una fuente de emoción y no de temor. Susan la empoderó para que viera sus cualidades únicas como fortalezas y la animó a investigar su auténtica vocación de sanadora.

En el transcurso de nuestras visitas mensuales, se convirtió en una parte fundamental del camino de Mia hacia la sanación y el descubrimiento de sí misma. Incluso después de un año de sesiones regulares, esta pedía verla siempre que se sentía abrumada o necesitaba orientación. La dedicación de Susan al bienestar de Mia y su interés auténtico en su crecimiento nos ha cambiado la vida.

Hoy Mia es una mujer de dieciocho años que irradia confianza en sí misma, compasión y una profunda determinación. Ha encontrado su pasión por la sanación y se dedica a ayudar a los demás con sus dones, una transformación que atribuyo directamente a la valiosísima orientación de Susan.

Entre un mar de consejeros (habíamos acudido a muchos antes), destaca como una sanadora auténtica. Su capacidad para comprender a Mia y conectarse con ella en un nivel tan profundo es un regalo por sí mismo. Como madre, estaré siempre agradecida por el efecto positivo que ha tenido en la vida de mi hija y en toda nuestra familia.

Recomiendo de corazón a Susan Grau a todo aquel que busque una guía compasiva, preparada y perspicaz en su camino hacia la sanación y el autodescubrimiento. Su compromiso con el bienestar de los clientes y su deseo genuino de marcar una diferencia en su vida es muy notable.

Gracias, Susan, por ser el faro que ayudó a mi hija a encontrar el camino a través de la oscuridad y a aceptar con agrado sus dones únicos. Tu apoyo ha sido una bendición que las palabras no consiguen expresar y te estaremos siempre agradecidos por tu presencia en nuestra vida.

MOMENTO DE INTEGRACIÓN

Sintoniza con tu empatía

Aunque después de leer este capítulo no te consideres émpata, siempre puedes volverte más empático. Las siguientes preguntas te ayudarán a reflexionar sobre ello:

- ¿Qué has aprendido de ti mismo y de tu energía con la lectura de este capítulo?
- ¿Te cuesta decir que no a la gente? ¿Esta palabra te hace sentirte incómodo?
- ¿Cómo puedes manejar mejor tu entorno para sentirte parte de las cosas?

- ¿Tienes la sensación de haber estado la mayor parte de tu vida fuera mirando hacia dentro?
- ¿Te han dicho que eres «demasiado sensible» y que debes «endurecerte»?
- ¿Absorbes la energía de los demás?
- ¿Te sientes muy apegado a la naturaleza y a los animales?
- ¿Cuidas a los demás a expensas de tu bienestar?
- ¿Eres la persona a la que los demás acuden cuando necesitan algo?

Ejercicios del capítulo

Ser empata ha supuesto el mayor regalo de mi vida y el aspecto más difícil de manejar. Tardé años en sentirme integrada en este mundo. Cuando supe cómo gestionar mis emociones y apegos a las personas, los lugares y las cosas, empecé a reconocer mi propio empoderamiento personal. He aquí algunas cosas con las que puedes ampliar la conciencia de tu energía empática:

- Para empezar, aprende sobre la energía empática. Comprométete a conocer estas características para comprender mejor en qué aspectos eres distinto y en cuáles eres igual que los demás.
- Anota todos los rasgos sobre los que hayas aprendido y empieza el proceso de adquirir conciencia de ti mismo.
- Busca un lugar tranquilo y lleva un diario para entender mejor lo que eres como empata y la forma en la que ha afectado esto a tu camino vital.
- ¿Tienes familiares que te consideran empático? En ese caso, plantea una conversación acerca de las distintas

formas y estrategias que has utilizado para afrontar mejor el mundo que te rodea.

- Practica meditación consciente durante un cuarto de hora al día, aunque sea cuando te arrastras a la cama al final de la jornada.
- Tómate un «tiempo muerto» cuando te sientas abrumado en cualquier entorno para reajustarte y reiniciarte.
- Los émpatas tendemos a contener la respiración a menudo, así que respira. Si tienes ansiedad, pregúntate qué está sucediendo a tu alrededor y si estás absorbiendo la energía de otra persona. Si la respuesta es afirmativa, intenta aprender y practicar el trabajo de respiración consciente.
- Escribe afirmaciones positivas acerca de ti y repítelas a diario.
- Comprométete a anotar durante treinta días una cosa que te encante de ti.

Recuerda: Ser émpata es la energía más hermosa que puede tener un alma. Sí, presenta dificultades, pero eso forma parte de la autoactualización y el crecimiento. ¡Este capítulo ha sido escrito para todos los émpatas que nunca se han sentido parte del grupo! Es tu momento; ¡sé el regalo que estabas destinado a ser!

CAPÍTULO 12

El regalo de la vida

UNA ENTRE CUATROCIENTOS BILLONES. Esa es la probabilidad de que nacieras; tan baja que en términos prácticos equivale a cero. ¡La de que te toque la lotería es de una entre trescientos millones, con lo que la de nacer equivale a que te toque 1,33 millones de veces! Si te gusta apostar, jamás deberías hacerlo con ese índice de probabilidad. Haría falta un milagro para ganar, para nacer... Y, sin embargo, aquí estás. Efectivamente, *es* un milagro. *Tú* eres un milagro.

Aunque esta vida humana parece muchas veces un dolor de cabeza o de corazón, la verdad espiritual más profunda es que has *elegido* estar aquí. Estar vivo en tu forma humana, afrontar desafíos, experimentar la dualidad en todas las cosas que tu alma *desea*. Los momentos buenos y los malos. Las lecciones y las bendiciones. La oscuridad y la luz. Lo has querido todo... y *todo* es un regalo.

Y a través de este regalo de la vida, se nos concede una oportunidad significativa que no tenemos en el mundo del Espíritu: experimentar el espectro *completo* de las emociones. No solo las dichosas, que componen el hermoso mundo espiritual, sino también las más oscuras, que no existen allí: la pena, el dolor, la envidia, la ira e incluso el odio. Una vida en la que no estuvieran presentes estas emociones más oscuras puede parecernos increíble aquí en la tierra, donde a menudo las cosas nos resultan demasiado pesadas. Pero nuestra alma *necesita* experimentarlas para actualizarse del todo. Al fin y al cabo, la oscuridad es la que hace que la luz brille más. Aquí, inmersos en nuestra vida humana, tenemos el privilegio de sentirlo todo, de aprender a través de los contrastes y de crecer. Podemos experimentar el amor directamente. Después de todo, ¿cómo íbamos a conocerlo de verdad si nunca nos hubiéramos topado con el odio?

Cuando asumimos este punto de vista —que la vida humana es una oportunidad preciosa para la evolución de nuestra alma, incluso con lo que consideramos dificultades—, podemos experimentar el mundo de una manera nueva y profunda. No solo somos capaces de apreciar la belleza y maravilla del mundo natural, saborear los momentos sencillos de la vida y conectarnos con los demás de una forma profunda y significativa, sino que también podemos empezar a caminar de manera intencionada por el camino del alma y alinearnos de una forma más eficaz con el propósito exclusivo de nuestra vida que el Espíritu ha tendido ante nosotros para seguir nuestro Camino de Baldosas Amarillas personal.

TU CAMINO DEL ALMA

He comprobado que la mayoría de la literatura espiritual se centra en el concepto de que «todos somos uno». Y sin duda es así. Pero igual de importante es comprender que, aunque todos formamos parte del mismo océano espiritual, por decirlo de alguna manera, seguimos siendo gotas únicas e individuales de agua. Nadie es como tú. ¡Ni una sola alma! Ni siquiera los gemelos idénticos son absolutamente idénticos; su ADN muestra dos patrones distintos.

Todos estamos compuestos de la misma materia —huesos, pelo, órganos—, pero cada uno de nosotros es una expresión individualizada de un todo unificado. Cada parte de tu ser ha sido creada por el Espíritu solo para ti. Y cuando reconocemos que cada aspecto de nosotros es único y tiene algo que ofrecer, algo que nadie más en todo el planeta posee, emprendemos el importante peregrinaje del autodescubrimiento, un viaje que al final nos lleva a encontrar el propósito que tenemos asignado en esta vida.

Una de las preguntas que más me plantean mis clientes, y que probablemente te estés haciendo tú, es: «¿Cuál es el propósito de mi alma?». Mi respuesta para ellos y para ti es que nuestro camino colectivo del alma es un viaje de autoexploración y que en su núcleo yace la práctica del amor hacia uno mismo. Estamos aquí, cada uno de nosotros, para convertirnos en maestros del amor a nosotros mismos. Aprender a amarnos es la gran misión de nuestra vida y el camino que debemos seguir para entender de manera eficaz y alcanzar la excelencia en el cumplimiento de nuestro propósito vital de servir a la humanidad. Dicho de otro modo, el *propósito del alma* de cada una de las personas del planeta es dominar el amor hacia sí mismas. Siguiendo ese camino, al final se revelará tu *propósito vital* concreto, aquel que te está destinado solo a ti.

El hecho de que el amor hacia uno mismo sea fundamental para nuestro desarrollo espiritual no es probablemente algo que nos pueda sorprender. En lo más hondo de nuestra conciencia colectiva *sabemos* que es la llave de muchos de los cierres significativos de la vida, algo que puede apreciarse en sentencias intemporales como «No puedes amar de verdad a otra persona mientras no te ames plenamente a ti mismo». Aunque ese sentimiento resulta lógico a primera vista, no creo que sea totalmente preciso. En realidad, hemos venido con una fuerte capacidad de amar a otras personas; la cosa se complica cuando tenemos que querernos a nosotros mismos.

La falta de amor a nosotros no nos impide querer a otras personas. He conocido a mucha gente que se quiere muy poquito pero puede verter toneladas de amor sobre los demás de una forma maravillosa. Lo que la falta de amor a uno mismo nos impide *de verdad* es recibirlo de otras personas, porque si no te quieres tú, no vas a creer que merezcas que otros lo hagan.

Lo mires como lo mires, lo fundamental sigue siendo que aprender a amarnos a nosotros mismos es crucial para ir en pos de la maestría espiritual. Cada uno tiene su propio Camino de Baldosas Amarillas, pero el amor hacia uno mismo es la base de todos ellos. Por tanto, ¿qué es lo que significa exactamente y cómo podemos cultivarlo en nuestra vida?

EL SIGNIFICADO DEL AMOR HACIA UNO MISMO

Cuando oyes la expresión *amor hacia uno mismo*, te vienen a la mente imágenes de un masaje o de un baño caliente con una bomba perfumada. Y aunque estos rituales son sin duda beneficiosos (¡y estupendos!), el camino para cultivar ese amor requiere mucho más. Porque no se limita a sentirse bien, sino, más que nada, a sentirse *valioso*.

Un problema universal de los seres humanos es que no nos sentimos valorados. En la infancia, cada uno de nosotros sufrimos una herida central que arraigó e hizo que no nos sintiéramos merecedores de nada —ya fuera amor, éxito, felicidad, etc.— cuando fuimos adultos. A medida que se va acumulando a lo largo de nuestra vida, esta sensación de falta de valía suele crecer hasta convertirse en odio hacia uno mismo. Por tanto, la práctica de querernos se convierte en una panacea para todas las heridas esenciales de falta de valía que existen, porque cuando nos amamos más reconocemos en el nivel del alma que somos por naturaleza merecedores de amor y aceptación. Tenemos el derecho consustancial de ser amados y aceptados, y querernos a nosotros mismos es el camino que nos enseña esta verdad. *El amor hacia uno mismo es la única arma eficaz para combatir el odio hacia nosotros mismos.*

Amarnos a nosotros mismos. Suena sencillo, pero, si lo fuera, no tendríamos una industria de autoayuda y terapia tan tremendamente floreciente ni yo estaría escribiendo este capítulo. En realidad, a las personas que han sufrido traumas infantiles u otras experiencias negativas en el transcurso de su vida (lo que significa ¡todo el mundo!) les resulta más fácil decirlo que hacerlo. Muchos terapeutas confirman que la falta de amor hacia uno mismo es el principal problema entre sus clientes, la raíz de todos los asuntos que afloran, y que cuando aprenden a cuidarlo y a quererse mejor, todas las demás áreas problemáticas empiezan a corregirse.

Nuestra alma está aquí para aprender a hacerlo pero, hasta que lo consigue, nuestra vida está repleta de odio hacia nosotros mismos. Somos los más duros con nosotros. Nuestros peores críticos, y nos maltratamos más de lo que lo haría cualquier otra persona. Antes de despertar al poder de nuestros pensamientos, las conversaciones que mantenernos en nuestra cabeza tienden a ser bastante peyorativas. Si alguien te tratara como te tratas tú, lo habrías expulsado hace mucho de tu vida. Sin embargo, cuando empezamos a pensar de manera amorosa, amable y compasiva acerca de nosotros mismos, damos el primer paso para querernos. Tal y como dijo la emblemática Louise Hay, «Llevas años criticándote y no ha funcionado. Prueba a aceptarte y veamos qué sucede».

No te voy a hacer creer que aprender a hacerlo sea fácil. Ha sido el trabajo de toda mi vida y probablemente también lo sea de la tuya. Nos exige afrontar nuestros miedos y vulnerabilidades más profundos y desechar las creencias, patrones y conductas que ya no nos benefician. Es una tarea complicada, pero todos los esfuerzos que pongamos en ella habrán merecido la pena. Para facilitarla un poco, recuerda que debes embarcarte en este viaje con compasión, porque no se puede dominar algo de la noche a la mañana. Como en todo, la perfección se consigue con la práctica, y te animo a que te comprometas con una rutina como si estuvieses entrenándote para una maratón. Cuando empezamos a querernos de forma regular, se fortalece el músculo del amor hacia nosotros mismos y los efectos nos cambian la vida. Y, como con cualquier músculo, debes seguir trabajándolo toda tu vida para que se mantenga fuerte. No es una situación que se solucione de una vez por todas. Hay que entrenar para conseguir alcanzar nuestra meta.

El compromiso de querernos nos exige mucho, está claro, pero las recompensas son profundas si estás dispuesto a hacerlo. Mejorar significa conectarnos más con nuestro verdadero yo y empezar de manera natural a gestionar los altibajos de la vida con más facilidad. Nos volvemos más resilientes cuando las cosas se ponen complicadas y tenemos que afrontar adversidades, y, sobre todo, empezamos a conectarnos con nuestro yo superior y nos alineamos con nuestro gran propósito en esta vida. Aprender a querernos y encontrar este propósito son dos cosas que van de la mano. Y nuestro Camino de Baldosas Amarillas empieza a iluminarse a medida que aumentamos y alimentamos nuestro amor al *yo*.

Prácticas de amor hacia uno mismo

Más allá de cuidar nuestros pensamientos, querernos implica también realizar prácticas que apoyen nuestro bienestar físico, emocional y espiritual. Desarrollar más amor hacia nosotros mismos significa decidir pasar el tiempo apoyándonos en todos los niveles. Aquí tienes algunas ideas para emprender ese camino:

Físicamente

- Practica yoga.
- Apúntate a un gimnasio.
- Camina por la mañana o por la tarde.
- Duerme mucho.
- Toma comidas sanas.

Mentalmente

- Practica afirmaciones positivas.
- Lee libros de desarrollo personal.
- Comprométete a acudir regularmente a sesiones de terapia.
- Estudia cómo dominar el esquema mental.
- Aprende algo nuevo.

Emocionalmente

- Empieza una rutina de escribir todas las mañanas.
- Prioriza actividades que te hagan reír.
- Practica actos aleatorios de amabilidad.
- Apúntate a tareas de voluntariado.
- Practica para aprender a decir que no y a establecer límites.

Espiritualmente

- Comienza a practicar meditación con regularidad.
- Empieza el día con una lista de gratitud.
- Apúntate a una clase creativa.
- Pasa más tiempo en la naturaleza.
- Practica técnicas de visualización.

Esto es solo una pequeña muestra de posibilidades, porque las opciones son infinitas. Lo importante es que tienes que *decidir* dejar de alimentarte con cosas que dañen tu alma y empezar a invertir en otras que te empoderen, ¡que te *iluminen*! Cualesquiera que sean las prácticas que adoptes, elegirlas una y otra vez reconfigurará tus pensamientos, patrones y conductas negativas y hará que empieces de forma natural a enamorarte del *tú* que hay en ti.

EL PAPEL DEL PERDÓN EN EL AMOR HACIA UNO MISMO

Una de las piezas más importantes —aunque sin lugar a dudas no la más sencilla— del desarrollo de este amor es perdonarnos y perdonar a los demás por los errores y daños provocados en el pasado. La clemencia tiene el extraordinario poder de facilitar la sanación.

Cuando nos aferramos a sentimientos como la ira o el resentimiento hacia otra persona —o hacia nosotros mismos—, nos resistimos también a soltar la energía negativa, y esta acaba aplastándonos: nos impide vivir al máximo y establecer relaciones profundas y significativas. Cuando elegimos el perdón, liberamos toda esa energía, lo que a su vez crea más espacio para el amor, la aceptación y la compasión.

Perdonarnos implica soltar el peso de errores pasados, reconocer nuestra humanidad y extender nuestra compasión y empatía hacia nosotros. Es un acto transformador que permite el crecimiento personal. Por otra parte, perdonar a los demás nos ayuda a liberarnos de la garra de la ira y el resentimiento, y nos ofrece un camino hacia el entendimiento, la reconciliación y la reconstrucción de la confianza. Aceptando estos actos de perdón creamos un terreno fértil para la sanación emocional y espiritual, y permitimos que las heridas y los corazones se reparen y surja una sensación de completitud.

Existe un gran mito según el cual perdonar significa condonar las conductas destructivas de alguien, cuando en realidad no supone asumir patrones conductuales negativos, sino estar preparado para sanar y liberarte de aquello que te limita y te impide acceder a tu paz y tu poder. El perdón no es solo para la persona que te hizo daño, sino también para ti. Decidir perdonar a alguien por el daño que nos ha provocado directa o indirectamente es un profundo acto de amor hacia uno mismo. Implica que estamos eligiendo priorizar nuestra propia salud mental y emocional. El perdón auténtico nos libera, y eso es, en sí mismo, un regalo.

¿EL AMOR A UNO MISMO NO ES EGOÍSTA?

Es importante hablar del problema de si el amor a uno mismo es egoísta. Este suele tener, injustificadamente, mala reputación, porque se confunde con el egoísmo; pero te aseguro que no tiene nada que ver con él. De hecho, es la única forma de cuidar de manera eficaz nuestros dones espirituales y servir a los seres humanos, tal y como pretende el Espíritu.

Como explica la escritora Parker Palmer en su libro *Deja que la vida te hable*, «El cuidado de uno mismo no es nunca un acto egoísta, sino sencillamente una buena administración del único regalo que tenemos, aquel que vinimos a ofrecer a los demás en la tierra». Cuando nos preocupamos por escuchar a nuestro yo interior y priorizamos nuestras necesidades, podemos influir mejor en la vida de los que nos rodean.

Quererte no significa considerar que tú y tus necesidades seáis más importantes que los demás, sino verte *tan bueno e importante como* otras personas. Todos hemos oído el dicho «Trata a los demás como quieres que te traten a ti». Al fin y al cabo, es una es la regla de oro, muy popular entre todas las doctrinas religiosas. En último término, amarnos a nosotros mismos implica aplicarnos esta regla a nosotros también, es decir, tratarnos como personas valiosas que merecen que las traten como a aquellos a los que más queremos.

En esencia, es el proceso de recordar que todos somos merecedores por naturaleza de amor y aceptación por nuestra parte y por la de los demás, y por eso el amor hacia uno mismo es el acto de querernos y aceptarnos tal y como somos. Cuando es verdadero implica la autoaceptación total, con fallos y todo, y cuando lo ponemos en práctica, somos capaces de ver que realmente merecemos todas las cosas buenas. Eso no significa que no tengamos que esforzarnos por crecer y ser mejores cada día —¡claro que debemos hacerlo!—, sino solo que aprendamos a tratarnos con compasión, clemencia y respeto, y a cuidarnos en todos los aspectos: físico, emocional, mental y espiritual.

El amor hacia uno mismo no es egoísta; es el ingrediente fundamental para crear una vida gratificante y significativa, y alinearnos con nuestro propósito principal. Aprender a querernos es lo más importante que hemos venido a hacer… y lo más difícil. Es un proceso que implica elegir constantemente en contra de nuestra forma de pensar por defecto, que es ser duros con nosotros, y decidir tratarnos con clemencia. La vida exige tomar decisiones, y cuando ponemos en marcha prácticas que apoyan nuestra salud física, emocional y espiritual, el amor auténtico a nosotros mismos empieza a fluir. Nos tratamos tal y como queremos que nos traten los demás y, de ese modo, atraemos más energía de este tipo a nuestra vida. Cuando nos tomamos el tiempo necesario para escuchar nuestra voz interior y priorizar nuestras necesidades espirituales, salimos beneficiados, y eso nos permite mejorar la vida de los que nos rodean. ¡No tiene nada de egoísta!

ENCUENTRA TU PROPÓSITO VITAL

Si fueras un antropólogo que estuviera estudiando el mundo occidental, llegarías a la conclusión de que todos creemos que el propósito de nuestra vida es sobrecargarnos con un trabajo que tememos, solo para amasar grandes cantidades de dinero y no llegar nunca a disfrutarlo de verdad, porque estamos demasiado ocupados, cansados y estresados. No es una imagen bonita, pero sí algo que todos conocemos demasiado bien. Sin embargo, cada vez hay más gente que se está dando cuenta de que la vida es mucho más que esa espiritualmente yerma rueda de hámster. Nuestra alma no está aquí para quemarse durante décadas con un trabajo carente de sentido y jubilarse demasiado cansada para vivir de verdad la vida a la que siempre nos hemos sentido llamados. El secreto para liberarse de este sistema tóxico para nuestra alma y responder a la llamada de esta es descubrir y encarnar nuestro propósito vital espiritual.

Cada uno de nosotros tiene una misión que cumplir en la vida, y debemos descubrirlo, encarnarlo y dominarlo. Una vez más, el amor hacia uno mismo es *el* camino hacia la revelación de este propósito. Cada paso que das, por pequeño que sea, para quererte de manera incondicional supone un avance hacia el descubrimiento de ese propósito supremo, el don exclusivo que solo tú puedes ofrecer al mundo. Si crees que no tienes ningún don, te aseguro que te equivocas. *Todos* llegamos a esta vida con dones espirituales y *tenemos* que compartirlos con el mundo. Cuando los reprimimos, nuestra alma sufre y nuestra misión espiritual en esta vida queda incumplida.

Recuerda que nuestra alma está fabricada por el Espíritu con enorme precisión, y eso significa que venimos equipados con distintos talentos y habilidades que nos ayudan a descubrir y cumplir nuestro propósito en la vida. Aunque cada propósito es distinto y fue creado a medida para una persona, todos concuerdan en la idea de que estamos aquí como parte de algo más grande que nosotros y que nuestra vida tiene significado más allá de las luchas y desafíos cotidianos que afrontamos. Formamos parte de un rompecabezas espiritual grande y misterioso, y es crucial que aportemos la pieza que nos corresponde. La vida implica algo más, y, cuando cultivamos el amor y la aceptación hacia nosotros mismos, desarrollamos nuestra conciencia espiritual y alimentamos nuestra relación con el mundo de los espíritus, nos abrimos a ese «más» y mostramos al Espíritu que estamos preparados para revelar nuestros dones y, de ese modo, responder a la llamada de nuestro propósito de vida.

Podría sonar contradictorio que el propósito del alma sea querernos a nosotros mismos y que el de la vida sea servir a los demás, pero el objetivo es unir ambos, integrar a tu exclusiva manera el amor verdadero hacia ti con el servicio amoroso a la humanidad. En la vida todo es un equilibrio entre el yo y los demás, y cuando trabajamos para conseguir ese equilibrio, veremos la vida como el *auténtico* regalo que es.

No siempre consideré un regalo esta existencia humana tan enrevesada. El camino desde mis experiencias infantiles hasta mi vida como médium profesional ha sido largo, confuso y a menudo doloroso. Durante muchos años, no quise estar en este planeta, con tanto dolor y desigualdades como existen; pero hoy, tras recorrer mi propio camino hacia el amor y la aceptación de mí misma tal y como soy, grietas incluidas, he encontrado mi propósito vital. Ahora *sé* con cada hueso de mi cuerpo que mi vida es un regalo. Estoy aquí por una razón, y me siento muy agradecida por ello.

Mi camino ha consistido en despertar por completo al hecho de que mi alma debe amar y crecer en medio de la peor adversidad. Ahora aprecio muchísimo los regalos que se me han concedido —y que he llegado a ver como brillantes y claros *gracias* a las épocas de oscuridad— y entiendo en profundidad el papel que desempeñan para cumplir mi propósito único de servir a la humanidad. Sí, me ha costado mucho, igual que a todos, pero estoy agradecida de verdad a esa lucha, porque, en último término, ha sido lo que me ha motivado para florecer. Espero que, al compartir mi historia, pueda inspirarte para que recorras tu camino del alma, aceptes los regalos que vayas encontrando en el viaje y vivas una vida llena de amor, compasión y propósito.

*   *   *

Cuando aceptas tanto las penas como las alegrías de este recorrido, empiezas a entender que cada uno de los momentos de esta vida es un regalo que debe celebrarse, y que el viaje en sí mismo es el regalo supremo: vivir, morir y el intervalo de en medio. Cada instante es una oportunidad para crecer, aprender e intensificar nuestra conexión tanto con el mundo humano como con el del Espíritu. Si tratamos la vida como el regalo que es, cuando llegue el momento de volver a hacer la transición al otro lado del velo nos sentiremos orgullosos de haber cumplido el propósito de nuestra alma y de haber traído amor y sanación a los que nos rodean. Aunque es verdad que la existencia puede estar sembrada de obstáculos, estar vivo justo aquí, en este momento, es una auténtica bendición. Tenemos suerte de estar aquí, experimentando todos los altibajos que acompañan a la experiencia humana. Con una mentalidad positiva y un corazón agradecido, podemos asumir los desafíos que se nos presentan y apreciar el regalo de la vida que hemos elegido. Recuerda: una entre cuatrocientos billones. Tu vida es un regalo. Eres un milagro. Vive de acuerdo con ello.

MOMENTO DE INTEGRACIÓN

Quiérete primero a ti

Si estás en estos momentos realizando un viaje de autodescubrimiento, crecimiento y búsqueda de tu propósito de vida, es fundamental que entiendas que el corazón de este viaje está dentro de ti. Quererte es una empresa tan importante que la escritora June Jordan llegó a decir: «Debo empezar a quererme y respetarme como si mi vida dependiera de ello»*. Según el Espíritu, sus reflexiones son muy atinadas: tenemos que comprometernos a seguir el camino del amor hacia nosotros mismos como lo primero y más importante de

---

* June Jordan, «Where is the Love?», comité «Black Women Writers and Feminism», 1978, Carton 6:50, papeles de Barbara Christian, BANC MSS 2003/199 c, The Bancroft Library, Universidad de California, Berkeley, consultado el 9 de octubre del 2023, https://stories.lib.berkeley.edu/black-feminism/academy-1

nuestra vida. Elige cualquiera de las siguientes propuestas para escribir sobre tu relación con el increíble y único *tú*:

- ¿Qué relación has mantenido con el amor hacia ti mismo en el transcurso de tu vida hasta ahora? Si estamos destinados a dominarlo, ¿en qué etapa del aprendizaje te encuentras?
- Lo contrario de amarse a uno mismo es odiarse, algo que brota de nuestra sensación de falta de merecimiento. ¿Ha aumentado o disminuido este sentimiento en tu vida? ¿De qué forma te has sentido no merecedor?
- Haz una lista de algunas cosas que puedas hacer para aumentar el amor hacia ti mismo en tu vida.
- ¿Crees que la vida como ser humano es un regalo? ¿Vives con gratitud por estar vivo o con miedo? ¿Por qué?
- Escribe diez cosas por las que te sientas agradecido. Si te cuesta, puede ser algo tan simple como que el sol haya salido hoy.
- ¿Has encontrado tu propósito de vida? En caso afirmativo, reflexiona sobre el camino que tuviste que recorrer para llegar a él; ¿hubo alguna correlación con el hecho de cultivar más amor hacia ti mismo? En caso negativo, escribe sobre algún pequeño paso que puedes dar en este momento y que te permitiría situarte en el camino del alma del amor a ti mismo.

Ejercicio del capítulo

El perdón es el carril rápido hacia el amor a uno mismo. Una vez que aceptemos esa verdad, ¿qué hacemos a continuación? Podemos acudir en busca de ayuda a los antiguos hawaianos.

Tienen una práctica de perdón muy antigua denominada *Ho'opo-nopono*, que podríamos traducir libremente como «corregir una mala acción». Su objetivo es devolver el equilibrio al corazón. Un terapeuta hawaiano, el doctor Ihaleakala Hew Len, utilizaba una modalidad de esta práctica cuando trabajaba en un hospital para criminales con enfermedades mentales. Como describe Joe Vitale en su libro *Cero límites*, el doctor Hew Len revisaba el expediente de cada paciente y, como experimento, repetía el mantra que menciono más abajo. ¡Y los resultados fueron increíbles! Los pacientes a los que tuvo presentes mientras decía el mantra se curaron y experimentaron una transformación interior, aunque no había trabajado con ellos cara a cara. Si algo ilustra que el perdón es el camino hacia la libertad, es esto. La aceptación del yo crea *infinitas* posibilidades de amor hacia uno mismo y hacia los demás.

Estos son los pasos del ho'oponopono tal y como los describe el doctor Ihaleakala Hew Len:

- Cierra los ojos y piensa en alguien a quien quieras perdonar (¡puedes incluso ser tú mismo!). Mantén su imagen en tu mente y su energía en tu corazón.
- Di el siguiente mantra tantas veces como sientas que está bien, ya sea en voz alta o mentalmente, mientras sigues visualizando a esta persona o a ti: «Lo siento, perdóname, por favor; gracias, te quiero».
- Practica todos los días este mantra de perdón y observa cómo tus emociones negativas empiezan a liberarse y tu corazón se desplaza hacia el perdón y abre paso a más amor, tanto para ti como para los demás*.

---

* Joe Vitale y Ihaleakala Hew Len, Ł, *Zero Limits: The Secret Hawaiian System for Wealth, Health, Peace, and More* (Hoboken, Nueva Jersey: Wiley, 2008).

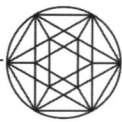

CAPÍTULO 13

Amor puro

TODO EL MUNDO AMA EL AMOR. Todo el mundo lo quiere y lo persigue. Ahora bien, ¿qué *es* el amor? Si estuvieras en una cena con diez personas y plantearas esta cuestión, recibirías diez respuestas diferentes. Porque el amor es la fuerza más misteriosa del universo; en realidad, no sabemos mucho acerca de él. Sabemos que es el mejor sentimiento del mundo, que deseamos tener más y que podemos recurrir a los poetas y los gurús espirituales para que nos ofrezcan atisbos de su naturaleza, pero es imposible alcanzar un consenso sobre él.

Aquellos que hemos vivido una experiencia cercana a la muerte tenemos la suerte de haber contado con acceso exclusivo a la verdad suprema de estos dos misterios, y hay una conclusión casi universal que todos compartimos: al regresar a nuestro cuerpo humano, entendemos que el significado de la vida es ser y dar amor. Dominar el amor es la lección más importante que debemos aprender como seres humanos, y nuestras maestras más importantes son las relaciones de todo tipo.

Lo entendemos, porque, al verlo con la lente del mundo espiritual, sabemos que el amor es fundamentalmente *lo que* *somos*. Como concluye el supremo investigador sobre este tipo de experiencias, el doctor Raymond Moody, a partir de las décadas que lleva estudiando a personas que han muerto, han visitado el otro lado y han regresado a la vida, «Con independencia de lo que estuvieran persiguiendo antes de su ECM, después se dan cuenta de que en realidad la vida consiste en aprender a amar»*. Creo que una forma más exacta de decirlo es que la vida consiste en *recordar* cómo se ama, porque el lugar del que procedemos, en el que habitamos antes de nacer a la existencia humana y al que regresamos después de esta, está construido sobre los cimientos del amor puro e incondicional. En lo más profundo de nuestro ser, ya lo *conocemos*, porque es la esencia de nuestra alma. Es inherente a toda persona viva, aunque por lo general se extravía por los miedos, las inseguridades y las limitaciones que constituyen la condición humana. Nuestra alma es amor puro, pero encarnarse como humano implica desarrollar bloqueos al amor a lo largo de nuestra vida. Por tanto, nuestra misión vital es hacer el trabajo espiritual necesario para eliminarlos.

Una de las razones principales por las que no conseguimos llegar a un consenso acerca de lo que es exactamente el amor la encontramos en que existen muchas variantes, y no todas son iguales. Si el objetivo es aprender a amar de manera correcta, y volvemos a pensar en nuestra vida humana como una escuela, veremos que existen niveles, cursos, por así decirlo, por los que debemos ir pasando. Como seres humanos, el nivel que mejor conocemos es el de principiantes: el del amor condicional. Sin embargo, a medida que vamos avanzando en nuestro camino espiritual por la vida, empezamos a entender la presencia de otro nivel diferente: el del amor puro. Y luego, cuando

---

* Raymond Moody, M.D., «Learning to Love», *Unity Magazine*, mayo/junio 2022, https://www.unity.org/article/learning-love.

nos desprendemos del condicional y lo vamos sustituyendo por el puro, se nos brinda la oportunidad de conocer de primera mano el más elevado, el que sentí en todas mis incursiones en el más allá: el amor puro del Espíritu. En este capítulo vamos a explorar juntos estas variantes del mayor misterio de la vida y la forma de conseguir llegar al primer puesto de la clase.

AMOR CONDICIONAL

Límites. Condiciones. Exámenes. Eso es lo que hacen las personas. Y el amor no es una excepción. El tipo de amor con el que la mayoría estamos familiarizados, como seres humanos que somos, aunque está repleto de momentos de auténtica belleza, puede volverse de inmediato algo complicado, caótico, tóxico e incluso abusivo. Esto se debe a que tenemos cerebro, a que pensamos, y eso crea distorsiones en el amor que, de lo contrario sería puro y del que estamos compuestos. En el mundo espiritual, estas distorsiones no existen.

Aquí en la tierra, son nuestra lente por defecto. Por eso dos personas pueden tener exactamente la misma experiencia y entenderla de formas totalmente contrarias. Por ejemplo, nuestro cerebro filtra y percibe las cosas según nuestros puntos de vista individuales y nuestras experiencias vitales. Si volvemos al pequeño «cerebro del corazón», recordaremos que cada vez está más aceptado que el corazón habla al cerebro más de lo que este habla al primero. Sin embargo, no tiene acceso directo a nuestra boca para poder comunicarse hacia fuera. Sus sentimientos y conocimientos *tienen* que filtrarse primero por todas las áreas cognitivas de nuestro cerebro para que podamos expresarlos y, de ese modo, darles una existencia. Todo lo que experimentamos debe ir del corazón hasta la cabeza para salir por la boca, un recorrido largo y tortuoso.

Como podrás imaginar, para cuando llegamos a pronunciar lo que en nuestro corazón es puro, se ha convertido en algo parecido al juego del teléfono: el mensaje original se ha perdido. Hay muchas distorsiones.

Y aquí entra en escena el amor condicional. Como trata directamente con nuestras heridas humanas, es un tema sensible y complejo. Todos tenemos heridas, porque todos hemos sido niños; ¡nadie es inmune a ellas! Hasta los mejor criados y más adaptados se convertirán en adultos con heridas importantes que deberán superar a lo largo de su vida. Es simplemente una parte inevitable del contrato de ser humano. Y, aunque todos somos muy capaces de realizar grandes actos de amabilidad, compasión y amor, buena parte de nuestra vida es un intento de calmar y proteger estas heridas por encima de todo. Para ello, tenemos una fuerte tendencia a añadir condiciones a nuestro afecto por los demás; dicho de otra manera, tienen que *ganarse* nuestro amor. El que es auténtico y puro no hay que ganarlo, puesto que se entrega libremente y a menudo. Por ello, el amor condicional que conocemos tan bien no es en realidad amor, sino miedo camuflado como tal.

A menos que nacieras santo (¡y yo personalmente todavía no he conocido a nadie que entrara en esa categoría!), el amor condicional es tu manera predeterminada de expresar y recibir amor en este mundo, porque, desde el día en que naciste, eso es lo que has visto. Aunque tus padres te quisieran *a ti* de manera incondicional, probablemente no querían así a todas las demás personas de su vida. El amor condicional es nuestro estándar como seres humanos con un ego considerable. Es nuestra forma de preservarnos a nosotros mismos, forma parte del instinto de supervivencia. Creemos que, si establecemos en él unas determinadas expectativas, podremos protegernos contra la decepción y los desengaños amorosos; sin embargo, al final este enfoque nos hace más mal que bien, y no tenemos más que contemplar las tasas cada vez mayores de divorcios para comprobarlo. Pero no aplicamos este amor condicional solo a las relaciones de pareja, sino a *todas*. La excepción más próxima que algunos tenemos es el que sentimos por nuestros hijos. ¿Te imaginas si todo el mundo quisiera a los demás tal y como la mayoría queremos a nuestros hijos? ¡Este sería un lugar maravilloso!

Por fantásticamente bien que suene una fiesta de amor mundial, está claro que resulta más fácil decirlo que hacerlo. Nuestro cerebro tiene todo tipo de justificaciones para mantener en su sitio las condiciones al amor, incluidos nuestros temores al rechazo o el abandono, las inseguridades personales, las sensaciones de falta de merecimiento, el deseo de validación por parte de los demás e incluso las perspectivas culturales y sociales. Al establecer unas expectativas imposibles respecto a nuestras relaciones, lo que estamos intentando en último término es manipular a la gente para asegurarnos de que nuestras necesidades están cubiertas. Sin embargo, estoy segura de que puedes ver en tu propia vida cómo funciona esto para la felicidad a largo plazo en las relaciones: *no funciona* en absoluto. Reconocer lo que es el amor condicional y las sensaciones que produce es el primer paso para irse alejando poco a poco de él.

Por tanto, ¿cómo saber si el amor es condicional? Si tienes la sensación de que hay que ganárselo; si está rodeado de términos, reglas o restricciones; si no se da en los momentos difíciles, o si sientes un dolor extremo cuando lo recibes de alguien, estás en el terreno de juego de este tipo de amor. Es ese que afirma: «Te amaré *si* te portas exactamente como necesito que lo hagas». La palabra clave es *si*. «Si haces X, te querré, pero si no lo haces, te retiraré mi cariño». Prospera con este tipo de expectativas basadas en el control. La mayoría de nosotros hemos escuchado sensiblerías como esta: «Si no me amas en mis momentos oscuros, no mereces mi luz». El amor condicional es aquel que rechaza la oscuridad en otra persona; pero *todos* la tenemos. Absolutamente todos. Y si seguimos rechazando los aspectos no tan bonitos de la gente a la que amamos, ¿cómo vamos a pedirles que quieran el revoltijo que somos? Imposible; no sería justo. Este tipo de amor acaba inevitablemente marchitándose o dejándote sumido en la miseria. Por eso la regla de oro ha sido un pilar básico de casi todas las religiones a lo largo de la historia. Mientras no aprendamos a amar a nuestro vecino como queremos ser amados, seguiremos decepcionándonos con nuestras relaciones.

Una vez más, resulta más fácil decirlo que hacerlo, pero esto nos ayuda a recordar que aprender a amarnos correctamente unos a otros es un proceso gradual; sin lugar a dudas, el trabajo de nuestra vida. Nuestra tarea consiste en seguir intentando aprender a liberar los bloqueos que se oponen al amor real y puro. En último término, el amor condicional está enraizado en la obsesión por controlar nuestra vida, lo que significa que la *rendición* es la clave para eliminar las limitaciones que le ponemos. De hecho, es el carril rápido hacia el amor puro, ese que debemos intentar alcanzar. En lugar de pretender usar tu voluntad para manipular cualquier cosita que te asuste, recuerda que debes confiar en ese Camino de Baldosas Amarillas que el Espíritu te ha tendido de una forma muy cuidada y precisa, y no intentar construir el tuyo; debes aceptar que tu voluntad no es la fuerza superior a la que debes adherirte, porque esa es la del Espíritu.

ELIMINAR NUESTRAS DISTORSIONES

Jayne Clark, una buena amiga y *coach* de Medicina Energética de Texas, me recuerda: «Vivimos en una tierra, pero tene-

mos 7500 millones de mundos». ¿Qué significa esto exactamente? Todos creamos nuestro propio mundo a través de sus
percepciones y creencias sobre la forma de experimentar
nuestra vida. Oigo a menudo este comentario: «La verdad es
verdad y el amor es amor». Sin embargo, he aprendido que
nuestros distintos mundos cambian la forma en la que vemos
las cosas, equipaje incluido. Todos estamos en un plano terrenal, pero cada uno alberga su propia verdad y su perspectiva
del mundo del que forma parte. Todos percibimos las cosas de
distinta manera y, por tanto, nuestras respuestas o perspectivas
de la verdad jamás serán iguales. Lo único constante en este
camino es el hecho real de que el amor condicional no es saludable ni sostenible para la felicidad del alma a largo plazo y
que, hasta que no empezamos a desechar las condiciones que
ponemos a los demás y a nosotros mismos, no tenemos la
oportunidad de experimentar *de verdad* lo que suponen la felicidad verdadera y el amor puro.

Que el amor condicional sea nuestra forma predeterminada de amar y que esté programado en nosotros no significa
que no se pueda trascender. De hecho, ese es el objetivo. Repito que el sentido de nuestra vida es aprender (recordar)
cómo amar… *correctamente*. Las distorsiones son consustanciales a este camino humano, y siempre lo complican todo.
Por eso nuestra misión consiste en ir limpiando a medida que
va transcurriendo nuestra vida y purificando con ello nuestro
amor hacia los demás y hacia nosotros mismos. Yo he pasado
varias décadas limpiando mis pensamientos malsanos, mis le-
siones y mi forma no saludable de pensar, mis heridas. Mi
oscuridad. Es un trabajo difícil, pero el único que nos conduce a la luz. Y es fundamental para aquellos que buscan la auténtica plenitud espiritual. La vida nos produce grietas; nos
rompe, y es inevitable. Por todo ello, el amor puro del que
procedemos acaba distorsionado. Sin embargo, nuestro obje-

tivo conjunto es limpiar esas distorsiones a lo largo de nuestra vida. Al hacerlo, vamos alejándonos poquito a poco del amor condicional y acercándonos al amor puro. Es la gran tarea, la gran lección de la existencia humana.

Cuando entendemos que todos somos uno, vemos que el amor condicional no solo hace daño al otro, sino también a nosotros mismos, y hasta que no decidamos alejarnos de él, estaremos destinados a dar vueltas alrededor del sufrimiento. Por suerte, los seres humanos estamos construidos para superar nuestros defectos. Y, aunque ubicuo, el amor condicional no es más que eso: un defecto que superar. Aprender a sustituir este amor que tenemos predeterminado por el amor puro no es fácil, pero constituye nuestra tarea como humanos. Y merece la pena, porque, cuanto más centrados estemos en él, más rodeada de alegría estará nuestra vida. Lo cierto es que la única manera de que el amor sea verdadero y dure toda una vida es que sea *incondicional*.

Mediante la introspección y el desarrollo del músculo de la compasión aprendemos a desechar los miedos e inseguridades que mueven nuestras expectativas irreales de los demás y a acoger el amor puro e incondicional. De ese modo podemos crear un mundo más empático y amoroso, en el que todos sean aceptados y valorados por lo que son y en el que el velo que separa nuestra humanidad de nuestro hogar espiritual empiece a desvanecerse. Según la famosa afirmación de Ram Dass, «Simplemente estamos acompañándonos unos a otros a casa». Y nuestro hogar es el amor puro.

ALINEARSE CON EL AMOR PURO

El objetivo de la vida es acercarse lo más posible al amor puro, ¡pero no debemos olvidarnos de que seguimos siendo humanos! Me costaría mucho creer a alguien que afirmara que domina el arte de disfrutar de la alta vibración de este amor *todo el tiempo*. Es importante que nos concedamos clemencia. Como seres humanos defectuosos por naturaleza, siempre tendremos la tentación de volver a las conductas basadas en el miedo. ¡Hasta los monjes pierden la calma! Sin embargo, con el compromiso de alinearnos con este tipo de amor y de aprender a liberar nuestros límites basados en el ego, podemos convertirnos en el amor más puro posible aquí en la tierra. Ahora bien, ¿amor puro cien por cien? Eso pertenece exclusivamente a la dimensión espiritual.

En el mundo del Espíritu no hay distorsiones. Allí no tenemos un cerebro que interfiera en el proceso de comunicación; esta solo va de corazón a corazón, de alma a alma. Los ángeles que conocí en mi visita al más allá cuando era niña encarnaban el amor más puro que cualquiera de nosotros podría imaginar: no está limitado por el tiempo, el espacio o una forma humana, sino que existe como una fuerza pura e incondicional que conecta a todos los seres del universo. Es lo que yo denomino amor puro del Espíritu. Aunque jamás podremos convertirnos plenamente en este tipo de amor hasta que no regresemos al mundo espiritual, lo bueno es que sí podemos atisbarlo aquí y ahora, cada vez más, a través de prácticas espirituales como la meditación, la oración y otras formas de contemplación espiritual. Acceder a este amor puro del Espíritu produce beneficios infinitos, como fomentar un sentido de conexión más profundo en un mundo que aísla y desarrollar un significado y un propósito auténticos en nuestra vida. Además, proporciona consuelo en épocas de penalidades y nos inspira a vivir con mayor compasión. Y, por supuesto, el hecho de alinearnos con la conciencia espiritual, con esta vibración más elevada del amor, hace que nos resulte más fácil conectarnos con nuestros seres queridos que ya han hecho el tránsito, con los guías y maestros espirituales y con el propio universo.

Aunque el amor puro del Espíritu puede parecer abstracto e intangible, es una fuerza *muy* real y poderosa, capaz de ejercer una influencia profunda en nuestra vida. Aquellos que han tenido la suerte de experimentarlo de primera mano lo suelen describir como una vivencia intensamente transformadora, algo capaz de cambiar toda una vida de la noche a la mañana. Este amor tan poderoso ha curado enfermedades terminales, ha sanado heridas emocionales muy arraigadas, ha devuelto la esperanza y ha aportado un sentido de propósito a aquellos que consideraban que su vida carecía de él. Cuando te abres a la posibilidad de experimentarlo y, mejor aún, de practicar para conectarte con él, disfrutas de una vida enraizada en la paz y en la compasión.

Para aquellos que han vivido una ECM, la sensación de estar envuelto en un amor como este, cálido y que todo lo abarca, resulta inolvidable. Es como si todos los límites entre el yo y el otro, entre la vida y la muerte, se hubieran disuelto por completo y lo único que quedara fuera una abrumadora sensación de amor y aceptación. Todas las barreras que le ponemos el amor se desvanecen, aunque solo sea por un momento. Tanto si has visitado el mundo espiritual como si has tenido visitas procedentes de él, debes saber que los sentimientos de amor puro y conexión que experimentaste son *reales*. No son espejismos. Confía en tu experiencia. Acoge estas sensaciones tan increíbles y permite que te guíen hacia un vida llena de amor puro. Al acceder a él aquí, en nuestra existencia humana, y permitir que coja las riendas, por así decirlo, podemos experimentar más alegría, la mayor de todas. El amor puro y el amor puro del Espíritu son dos fuerzas poderosas y transformadoras que pueden cambiar no solo nuestras relaciones, sino toda nuestra vida. Al cultivar una conexión con ellos, podemos profundizar nuestra sensación de estar conectados con nosotros mismos, con los demás y con el universo, y, en último término, vivir una vida enraizada en la fuerza más potente y hermosa que existe.

*   *   *

Quiero terminar este capítulo con la pregunta de la que partimos: *¿Qué es el amor?* El glorioso, eterno y puro amor del Espíritu que sentí en el otro lado mientras mi cuerpo de cuatro, casi cinco, años permanecía inerte en un congelador... No hay palabras para describirlo. Podemos intentar definirlo, como he hecho en este libro y como lo han hecho muchísimas personas antes que yo; pero la realidad es que no sabremos del todo hasta que *sepamos*.

Dicho esto, puedo afirmar con absoluta certeza que *el amor puro del Espíritu es lo que somos*. Es nuestro pasado y nuestro presente, y está a nuestra disposición para que ahora lo cultivemos cada vez más; lo único que debemos hacer es comprometernos a intentar alcanzarlo de manera incansable. Tenemos que hacerlo. Es nuestro propósito, nuestra herencia. Como los girasoles que están constantemente rotando a lo largo del día para mirar al sol, mantengamos nuestro corazón fijo en el amor puro hasta que llegue el día en que *sepamos*.

MOMENTO DE INTEGRACIÓN
Dejar entrar el amor

Si tuvieras que leer en voz alta tu historia personal de amor, ¿cómo te sentirías? ¿Cohibido? ¿Avergonzado? ¿Orgulloso? Dedica un tiempo a escribir acerca de tu relación con los distintos tipos de amor: condicional, puro, y el puro del Espíritu. Al reconocer desde dónde partes, puedes dar los primeros pasos hacia el lugar al que quieres ir.

- Haz una pausa para reflexionar sobre un tiempo en el que notaste una profunda sensación de amor y conexión con otra persona. ¿Qué circunstancias rodearon esta experiencia? ¿Cómo te sentiste? ¿Qué puedes aprender de esta experiencia acerca del poder transformador del amor?

- Reflexiona sobre la forma en la que actualmente cultivas y expresas el amor en tu vida. ¿Hay áreas en las que podrías profundizar tu práctica? ¿Qué pasos puedes dar para conectarte más con el amor que existe dentro de ti y a tu alrededor?

- Reflexiona sobre cualquier experiencia que hayas tenido con el mundo espiritual, ya sea a través de sueños, experiencias cercanas a la muerte o cualquier otro medio. ¿Qué te han enseñado sobre la naturaleza del amor y la conexión? ¿Cómo han influido en tu forma de entender el mundo que te rodea?

- ¿Dedicas algunos momentos del día a expresar gratitud por el amor que existe a tu alrededor? Ya sea mediante la oración, la meditación o simplemente reflexionando sobre las bondades de tu vida, permítete sumergirte plenamente en los sentimientos de gratitud y cariño que brotan. Confía en que el amor del universo está siempre a tu disposición y que, al cultivar una sensación más profunda de cariño y conexión, puedes experimentar más alegría, plenitud y propósito.

Ejercicios del capítulo

¿Estás preparado para deshacerte de los patrones de amor condicional y empezar a sintonizarte con la frecuencia del amor puro? Utiliza estos ejercicios para emprender tu viaje hacia el amor incondicional y puro:

- *Practica meditación de amabilidad amorosa:* Esta meditación implica cultivar sentimientos de amor y compasión hacia ti mismo, hacia tus seres queridos e incluso hacia las personas complicadas de tu entorno. Siéntate cómodamente y céntrate en la respiración. Cuando te sientas a gusto, repite en silencio esta frase: «Que sea feliz, que esté sano, que esté seguro, que esté en paz». Mientras la dices una y otra vez como un mantra, visualízate experimentando felicidad, salud, seguridad y paz. Piensa ahora en alguien a quien te gustaría enviar amor y compasión. Visualízalo y repite en silencio la frase: «Que seas feliz, que estés sano, que estés seguro, que estés en paz». Esta práctica te ayuda a acceder al abundante pozo de amor puro que albergas en tu corazón.
- *Conéctate con la naturaleza:* Estar en medio de la naturaleza es una forma muy potente de conectarse con el Espíritu y de disfrutar directamente del amor puro. Sal a caminar por el bosque, siéntate junto a tu curso de agua favorito o sencillamente dedica un tiempo a estar en tu jardín o en el parque de tu localidad. Cuando lo hagas, date permiso para sumergirte plenamente en las maravillas que te rodean. Observa cómo las cosas, ya sea el movimiento de las mareas, el cambio de las hojas o las abejas, que colaboran entre ellas, funcionan de manera

orgánica. Estar en la naturaleza nos recuerda lo que es natural… y el amor es lo más natural del universo. Mira a tu alrededor; ¡está por todas partes!

- *Practica una actitud de gratitud:* Cultivar una mayor gratitud eleva las vibraciones de manera automática y ayuda a traer más gloria aún a tu vida. Dedica todos los días un rato a reflexionar sobre aquello que agradeces, ¡aunque solo sea el regalo de estar vivo! Esta práctica te ayudará a acceder a sensaciones de alegría y satisfacción, ¡y también de amor!

- *Implícate en manifestaciones creativas:* La creatividad es una práctica inherentemente espiritual. El arte, la música, la poesía y otras formas de expresión creativa son métodos muy efectivos de conectarse con la espiritualidad y de provocar la llegada de más amor puro a tu mundo.

- *Reflexiona sobre lo que has aprendido:* Piensa en cómo te ha hecho este libro más consciente de ti y de aquellos que has elegido tener a tu alrededor. Dedica unos momentos a anotar algunos de los cambios que quieres poner en práctica para conseguir paz y autoaceptación y cultivar el amor en tu mundo interno y externo. Siempre que te sientas confuso respecto a tu camino y necesites ofrecerte a ti mismo comprensión, amor y clemencia, repasa todos los «Momentos de integración» y los ejercicios que has ido escribiendo en tu diario.

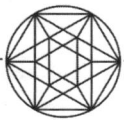

Un mensaje personal de Susan

Querido amigo del alma: Al llegar al final de *Vida infinita, lecciones infinitas*, quiero que sepas lo agradecida que me siento por haber compartido este tiempo contigo. He escrito este libro para que puedas adquirir un conocimiento más profundo de nuestro fascinante universo y la conexión de tu alma personal con la conciencia espiritual.

Gracias por tu disposición y tu voluntad de explorar y entender las verdades más profundas que el plano del Espíritu quiere que conozcas. Tu deseo de sumergirte más en tu alma y en su conexión con el Espíritu ha requerido una valentía inmensa: ¡es posible que te haya cambiado la forma de ver la vida y la muerte!

Enhorabuena por tu valor para entrar en el mundo del Espíritu. Espero que *Vida infinita, lecciones infinitas* te haya aportado sanación, inspiración y conciencia de lo que nos aguarda a todos. Que alcances *el conocimiento* mientras exploras este viaje lleno de paz, alegría y pena, y sigues el tortuoso camino de la vida.

Escribir acerca de mi periplo por el plano espiritual ha tenido un propósito más elevado: transmitir las lecciones procedentes de mis experiencias para ayudarte *a ti* a manejar mejor las tuyas. Te animo a que acojas las señales y mensajes del mundo espiritual. Cuanto más te adentres en él, más elevada será tu vibración.

Te invito a que permanezcas abierto a la orientación del Espíritu para convertirte en el faro que *siempre* has estado destinado a ser. Mientras avanzas en tu camino, utiliza las lecciones que has aprendido para motivarte y ver dónde esparces tu luz... *¡en ti!*

Mientras continúas con tu viaje, quiero recordarte que nunca estás solo. El mundo espiritual está siempre presente para guiarte en tu camino personal y ayudarte a crecer *a través* del dolor que este viaje puede provocar y también a alcanzar tu mayor don, que es la autoconciencia y el amor hacia ti mismo.

El amor del Espíritu, su apoyo y su orientación están siempre a tu disposición mientras sigues tu plan de vida. Confía en él y en el amor que comparte contigo. Utiliza esta guía para alcanzar tu mayor potencial y sé consciente de que la conciencia del espíritu que reside en una vibración junto a todos nosotros te ama y te valora.

En tu tránsito por la vida, confío en que *Vida infinita, lecciones infinitas* sigua motivándote y ofreciéndote las herramientas necesarias para rellenar las grietas que se hayan abierto en tu alma. Te animo a que no dejes nunca de expandir tu conciencia permitiendo un conocimiento más profundo de por qué estás aquí y cómo puedes crecer en *tu* viaje tan hermosamente elegido.

Te animo también a que permanezcas abierto al mundo espiritual y a que sepas que este desea que tu bien *más elevado* resuene en el centro de tu alma. Y te guíe al lugar en el que puede brillar tu luz. Que el amor, la paz y el conocimiento crezcan en ti a lo largo del tiempo que estés en la tierra.

La aceptación de las adversidades constituye el camino hacia la paz. Mi deseo más auténtico es que este libro ilumine tu alma con *esperanza*, tal y como hizo con la mía mientras lo escribía.

Un agradecimiento especial a todos vosotros y a mi equipo espiritual por todas las lecciones que he aprendido mientras seguía *mi* camino tortuoso hacia el crecimiento personal y el amor a mí misma.

Recuerda que lo que obtenemos cuando alcanzamos nuestro destino no es ni de lejos tan importante como aquello en lo que nos convertimos al esforzarnos por llegar a él.

Con amor y gratitud,

SUSAN

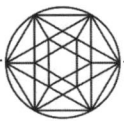

Agradecimientos

MIENTRAS ESCRIBÍA EL LIBRO *Vida infinita, lecciones infinitas*, se me concedió la auténtica bendición de contar con muchísima gente maravillosa que me ha apoyado, ha creído en mí y me ha animado a lo largo de mi vida. Gracias a todos por hacerlo realidad. Linda Konner, mi maravillosa agente literaria, gracias por creer en él y por trabajar incansablemente para encontrar el editor adecuado que le diera vida. Gracias a mis editoras, Nicolette Salamanca Young, Lara Asher y Anna Cooperberg, y al resto del increíble equipo editorial de Hay House por apoyarme y cuidar mi libro a lo largo de todo el proceso.

Estoy agradecidísima a mi agente de talentos, Meghan Amaral (M Media Corp). Gracias por tu compromiso incansable y tu enorme trabajo, por las innumerables madrugadas y las largas jornadas leyendo y releyendo cada página para asegurarte de que fuera lo más perfecta posible.

Gracias, Arizona Bell, por ayudarme a encontrar las palabras y a comunicar mis ideas de una manera eficaz. Tu orientación, tu apoyo y tu talento creativo fueron fundamentales para dar forma a la propuesta del libro *Vida infinita, lecciones infinitas*. Tu talento te precede.

Quiero dar las gracias a mi amiga Sunny MacLaughlin por leer cada centímetro de este libro más de una vez, poniendo las barras en las tes y los puntos sobre las íes. Tu aguda mirada para los detalles, tus perspicaces comentarios y tu amistad han sido valiosísimos.

Por último, y sobre todo, gracias a mi marido, a mis hijos y a mis nietos, a los que quiero más de lo que soy capaz de expresar. ¡El amor que siento por vosotros no tiene límites!

A mi marido, Dennis: tu apoyo ha significado muchísimo para mí. Has sido mi roca, mi orientación. Sin ti no habría podido lograr todo lo que he logrado. Tu amor y tu apoyo han sido mi ancla durante todo el proceso de escritura de este libro. Me siento muy agradecida por todas las noches que me has esperado pacientemente mientras me encerraba para escribir. Tu fe en mí me ha dado la fuerza necesaria para superar los momentos duros. Después de casi cuarenta años, sigues siéndolo todo para mí. ¡Te quiero más!

A mis increíbles hijas, Jessie y Taylor: gracias por vuestro amor y vuestro apoyo. Vuestro estímulo me ha hecho seguir adelante en los buenos y en los malos momentos. Os quiero más de lo que soy capaz de expresar y estoy muy orgullosa de ser vuestra madre. Mi amor por siempre jamás y hasta la luna, ida y vuelta.

A mi hijo, Kevin. Gracias por ser un hombre tan amable y cariñoso. ¡Te quiero muchísimo! Sé que siempre estás de mi lado y te estoy agradecidísima.

A mi nieta Leila Grace: ¡eres mi niña preciosa! Eres practicamente perfecta en todos los sentidos. Has conquistado mi corazón. Me inspiras cada día a ser mejor. Te adoro; haces que mi vida sea más de lo que podría llegar a imaginar. ¡Nana te quiere!

A mis nietos Aiden y Kasen: os adoro a los dos y estoy orgullosísima de vosotros. Y a mi nieto y a mi nieta Nolan y

Alissah: gracias por convertirme en la bisabuela del miembro más nuevo de nuestra familia, Evan Thomas. Os quiero muchísimo y estoy muy agradecida por cada uno de vosotros.

A mi hermana y amiga, Peggy: me encanta que alberguemos cada una los recuerdos de la otra y tenerte en este planeta para quererte y que me quieras. Gracias por darme a mi sobrina Sarah y a mi sobrino nieto Jacob. Te quiero con todo mi corazón.

¡Es una bendición enorme teneros a todos y que seáis *mi* familia!

Acerca de la autora

Susan Grau es una médium intuitiva y evidencial recono-
cida en numerosos países, oradora internacional y terapeuta
del duelo cuyo talento, según el escritor Riley J. Ford, de la
lista de éxitos editoriales del *New York Times*, «no tiene pa-
rangón». Es famosa, tiene un estilo benévolo y realista, y ha
aparecido en numerosas revistas, pódcasts y documentales,
incluido el *Goop* de Gwyneth Paltrow, *Elle Magazine*, *The Hollywood Reporter; Susan Grau Hotel Series*, de M Media; el
documental de Elysium Media *Beyond the Grave*, junto con
el doctor Eben Alexander, y otros. Vivió una potente experiencia cercana a la muerte en su infancia y, desde que obtuvo
su doctorado en Divinity in Mystical Arts con el padre de la
investigación sobre las experiencias cercanas a la muerte, el
doctor Raymond Moody, siente pasión por ayudar a otros,
sobre todo a los niños, a encontrar el sentido de sus experiencias en el más allá y a aprovechar su conexión recién descu-
bierta con el mundo espiritual. Está considerada una de las
médiums preferidas de James Van Praagh y es una sanadora
de enorme talento con la misión de ayudar a la gente a curar
el profundo dolor del alma que produce el duelo, para lo cual
les muestra la verdad acerca del más allá. Reside en California
del Sur con su marido, Dennis, y ha sido bendecida con dos
hijas, un hijo, cuatro nietos, un bisnieto, dos perros y un gato.
Encontrarás más información en **susangrau.com**.

EL VIAJE DE LAS ALMAS

Estudios de casos de la vida entre vidas

DR. MICHAEL NEWTON

El viaje de las almas recoge las narraciones de 29 pacientes del Dr. Michael Newton, quienes en estado supraconsciente revelan sus recuerdos más profundos y relatan de forma emotiva lo que ocurre después de la muerte física, describiendo en gran detalle cómo es en realidad el mundo espiritual, qué sucede mientras estamos desencarnados y por qué regresamos al plano físico en determinados cuerpos.

EL DESTINO DE LAS ALMAS

Un eterno crecimiento espiritual

DR. MICHAEL NEWTON

Destino de las Almas nos presenta los resultados impactantes de las investigaciones realizadas por el reconocido psicólogo e hipnoterapeuta Dr. Michael Newton, quien a través de su innovador método de hipnoterapia presenta el estudio de 55 casos de personas que recuerdan en detalle sus vidas anteriores.

LA PRUEBA DE LA VIDA DESPUÉS DE LA VIDA

7 Razones para creer en el más allá

DR. RAYMOND A. MOODY y PAUL PERRY

El Dr. Raymond Moody, psiquiatra y autor del bestseller *Vida después de la vid*a, y Paul Perry, autor de éxito y coautor de varias obras junto con Moody, presentan este libro innovador que combina casi cincuenta años de investigación sobre la vida después de la muerte y las ECM (experiencias cercanas a la muerte), para dar respuesta a la pregunta más acuciante de la humanidad: qué pasa cuando fallecemos.